网络课程的影像建构
——MOOC 教学影片制作法

Wangluo Kecheng de Yingxiang Jiangou

——MOOC Jiaoxue Yingpian Zhizuofa

胡东雁 著

高等教育出版社·北京

内容简介

本书直击 MOOC 教学影片制作法，内容涉及 MOOC 选题策划、教学设计、拍摄制作、多媒体输出及平台运营等 MOOC 制作的全过程。本书理论与实践相结合，引入许多 MOOC 教学影片案例，并根据工作流程逐段解剖、分析拍摄与制作的方法。本书有助于解决在 MOOC 教学影片制作中遇到的各种问题，提升 MOOC 制作能力和水平。

本书适合 MOOC 建设团队、MOOC 教学服务团队、学校课程教学管理者、MOOC 平台运营商等阅读、使用。

图书在版编目（CIP）数据

网络课程的影像建构 ：MOOC教学影片制作法 / 胡东雁著. -- 北京 ：高等教育出版社，2015.1
ISBN 978-7-04-041646-6

Ⅰ. ①网… Ⅱ. ①胡… Ⅲ. ①网络教育－教学片－视频制作 Ⅳ. ①G434

中国版本图书馆CIP数据核字(2014)第294430号

策划编辑　肖冬民　责任编辑　肖冬民　封面设计　王　洋　版式设计　王　洋
插图绘制　杜晓丹　责任校对　陈　杨　责任印制　韩　刚

出版发行	高等教育出版社	咨询电话	400-810-0598
社　　址	北京市西城区德外大街 4 号	网　　址	http://www.hep.edu.cn
邮政编码	100120		http://www.hep.com.cn
印　　刷	涿州市星河印刷有限公司	网上订购	http://www.landraco.com
开　　本	787mm × 960mm　1/16		http://www.landraco.com.cn
印　　张	10.75	版　　次	2015 年 1 月第 1 版
字　　数	130 千字	印　　次	2015 年 1 月第 1 次印刷
购书热线	010-58581118	定　　价	35.00 元

物 料 号　41646-00

前言

近年来，信息技术的蓬勃发展对教育方式产生了广泛的影响。2012年秋季，美国多所知名高校开始通过互联网向公众提供免费课程，大规模在线开放课程（Massive Open Online Course，MOOC）这一新型的在线教育模式闯入了人们的视野。2013年至今，全球教育界刮起了一场MOOC风暴，MOOC为教育的大众化、普及化提供了切实可行的渠道。在中国，通过政府、高等院校、互联网企业的共同努力，MOOC网络教学平台与课程建设也得以发展。

MOOC在世界范围内的快速发展推动了教育理念的变革。MOOC的创新之处在于大规模的交互参与和实时反馈。这两点特质是MOOC改变大学教育模式和将远程教育与大学校园纳入同一个教学时空的关键。MOOC的倡导者认为：是大数据、云计算和人工智能等技术将高等教育从工业时代带到数字化时代，是技术创新成就了MOOC。而MOOC的意义不仅在于技术创新，教育专家们甚至认为MOOC有可能重塑整个人类社会习惯已久的学习模式和教育模式。客观地讲，MOOC突破了到目前为止传统远程教育方式仅仅作为辅助教学手段的局限，深入到课程教学结构中，以其信息技术优势带来了教学方式、学习方式、师生互动关系的深刻变化。它使得学习者的自主学习和个性化学习得以在真正意义上实现，并由此引发了传统课堂教学行为和教学模式的变化。它还通过平台建设，将优质教育资源送达到世界各个角落，日渐成为改变现有高等教育体系的一支生力军，以至于有人惊呼：MOOC将炸开大学的围墙，炸醒昏昏欲睡的课堂，把老师和学生炸到世界几百年来最深刻的教育变革浪潮中去跳舞。

面对世界范围内MOOC这种在线教育的浪潮，中国的教育改革者也在借鉴走在前列的MOOC制作者的经验基础上，开始建设自己的MOOC，一些高校和网络平台关注并纷纷加入MOOC及其平台的建设中。作为MOOC制作中的核心环节，MOOC教学影片的制作有其自身规律，目标是为在线学习者提供良好的学习体验，使教学过程更完美、更流畅地得以呈现。这对于教育管理者、媒介运营商、教师、影片制作团队来说都是新的课题。

本书即是一本直击MOOC教学影片制作全流程的工作手册，以MOOC影像建构为理论核心，以教育学、传播学、广播电视学等学科知识为支撑，引入MOOC教学影片制作案例，对MOOC教学影片制作的全部流程逐一解剖分析，指导制作团队完成MOOC教学影片的拍摄制作任务。全书着重帮助教师完善教学设计、在镜头前完美地展现自我；帮助教学服务团队成员提升业务水平；帮助媒介运营商和多工种技术人员解决实践操作中一定会遇到的问题，把“棘手”变成“游刃有余”。

全书一共十二章，分为三个部分。第一章和第二章对MOOC的发展进行了全景介绍；第三章和第四章提出了MOOC影像建构法则与定位；第五章至第十二章对教师、导演、服饰与化妆、摄像、照明、录音、剪辑以及超级公播课程制作团队等各工作流程逐一进行了阐述。全书需要强调以下几个方面：（1）以网络课程的影像建构为理论核心，提出MOOC教学影片这一概念，是为了与以往的教学录像进行区别，借影片连续放映、展现真实活动的形象含义，专指用于学校教学和科学研究、专业化程度较高的教学片。因为借助大规模在线开放的传播渠道，它能够更加生动形象地呈现教学，给学生更深刻、更直观的教育，以提高教学和科研质量。（2）本书引入成功的MOOC教学案例，对MOOC教学影片制作的全部工作流程逐一解剖分析，直接指导实践操作。教学是有一定规律的，而教学影片的拍摄也是要遵循专业制作规律的，使教与学的过程完美、流畅，润物细无声。普通的课程录像以及“一镜到底”的拍摄方式，不利于为在线学习者提供优质的学习体验。（3）学习者可以通过扫描二维码的方式，进入微信平台观看更多的案例短片，进一步深入学习MOOC教学影片的制作方法。

本书的问世得到了师长们、朋友们的支持，在这里我表示由衷的感谢！2011年夏，一个偶然的机会我参与到MOOC网络平台的创办工作中。一转眼三年过去了，期间帮助过一些教师们制作完成了他们自己的MOOC。在其中我往往同时兼教师与制片人的角色，因而自身的业务水平也从工作实践中得到不断的提升。而我所在的上海戏剧学院培训中心“MOOC在线教学研究项目组”制作教学影片也有了丰富的经验，本书中全部示范性MOOC教学影片制作案例均是在该机构专家指导下制作完成的。在此，希望我们能以专业的服务，帮助教育领域的同仁们携手共进，在网络课程的影像建构领域不断探索，开拓创新！

阅读本书，请同时订阅本书的官方微信：玩转中国式MOOC，或扫描本书高等教育出版社二维码，获取相关资源。

“玩转中国式 MOOC”
官方微信

“MOOC 教学影片制作法”
二维码

胡东雁

2014 年 10 月

目录

第一章

MOOC全景

在这一章中，我们将对MOOC这种课程形式，从概念到特征、从成因到发展情况作一个全景式的介绍，简明、清晰地为MOOC的影像建构实践做全面的铺垫。

第一节　MOOC的概念

MOOC即大规模在线开放课程（Massive Open Online Course，MOOC），中文音译为“慕课”。MOOC即一种具有交互功能、开放式的在线课程模式。

MOOC的倡导者认为：是大数据、云计算和人工智能等技术将高等教育从工业时代带到数字化时代，是技术创新成就了MOOC。而MOOC的意义不仅在于技术创新，教育专家们甚至认为MOOC有可能重塑整个人类社会习惯已久的学习模式和教育模式。

2008年，MOOC一词被加拿大爱德华王子岛大学的戴夫·科米尔和美国国家自由教育科技研究所的布莱恩·亚历山大联合提出。

2011年10月，斯坦福大学教授塞巴斯蒂安·史隆和彼得·诺威格的免费开放课程“人工智能导论”成为全球首个MOOC课程，吸引了190多个国家的近16万学习者，2.3万人最终完成了课程的学习。

2012年被称作美国“MOOC元年”，哈佛大学、斯坦福大学等美国多所顶尖学府陆续设立网络学习平台并提供一系列免费课程，Coursera和Udacity由斯坦福大学教授创办，edX由麻省理工学院和哈佛大学联合建立。普林斯顿大学、加利福尼亚大学伯克利分校、耶鲁大学、哥伦比亚大学、宾夕法尼亚大学等美国一流大学都已加入MOOC平台，欧洲和亚洲的MOOC平台随之跟进。

2013年至今，全球各个区域和国家的MOOC平台如雨后春笋般发展和建设起来，如：印度的Edu Kart、澳大利亚的Open Learning和Open2 Study、英国的Future Learn、欧洲的Openup Ed等。

目前全球最具影响力的三大MOOC平台是Coursera（图1-1）、edX（图1-2）和Udacity（图1-3），它们的课程涵盖理、工、文等各个学科，仅这三大平台已汇聚了上万门课程和数百万的注册学习者，且数据每天都在更新。

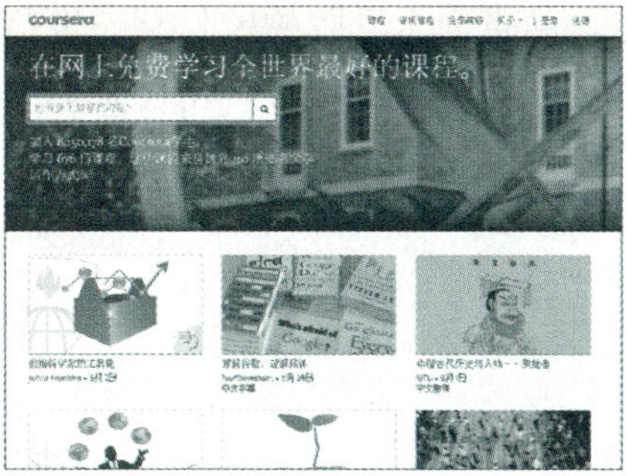

图1-1　Coursera 平台

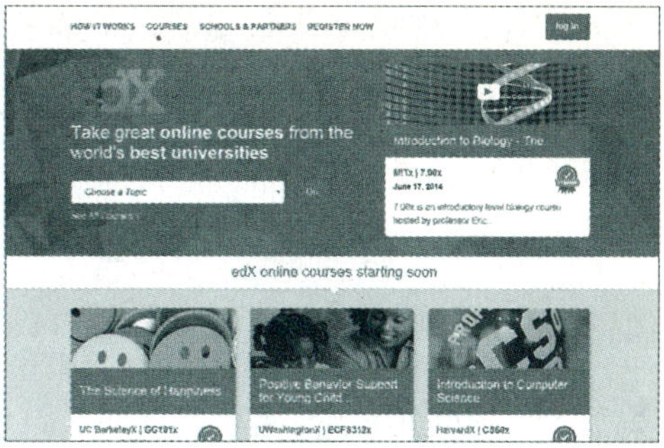

图1-2　edX平台

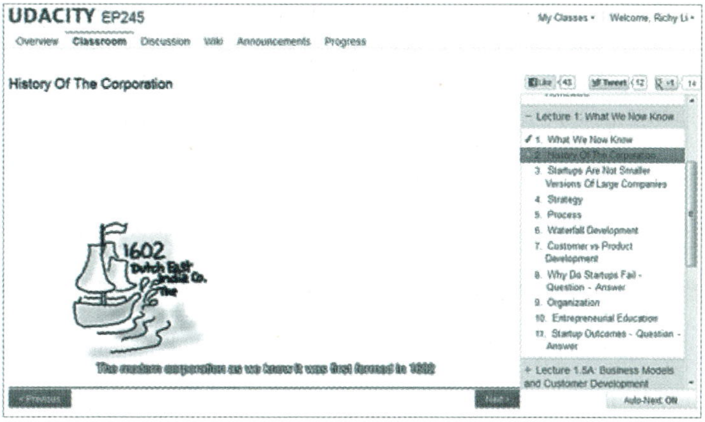

图1-3　Udacity平台

MOOC平台的开放性使跨区域、跨国家的合作变得更加便利，全球范围内教育资源以相对最优、最合理的方式进行重组。以Coursera平台为例，它就已经与来自全世界范围内的110所著名大学达成合作，提供了600多门课程。这些大学不仅包括美国的顶尖高校，也包括来自其他国家的知名学校。亚洲的东京大学、新加坡国立大学、香港中文大学等学校都在合作名单之列。

MOOC这一新型的课程模式闯入人们的视野，给互联网产业及高等教育带来巨大影响。它不仅提供免费的优质资源，还提供完整的学习体验，展示了与现行高等教育体制结合的种种可能。edX的创始人阿格瓦尔认为，MOOC是学习领域难得一见的重大技术进步。安东尼·雷加拉多认为，

MOOC是过去200年来最重要的教育技术。麻省理工学院的校长莱夫也指出，教育技术的理念并不是新出现的，但现在它是非常重要和强有力的思想。

第二节　MOOC的特点

在人类文明史上，教育让知识薪火相传，无论在哪个时代，搭载了什么样的信息媒介，教育者们共同的愿望是使每个渴求知识的人都能够方便地接受高质量的教育，掌握他们所需要的技能。远程教育自诞生以来已有百年历史，师生之间的知识传播更便捷。信息技术革命对人类社会的教育方式产生了深远的影响。纵观全球教育，呈现出大众化、信息化、市场化、全球化的趋势。在这样的背景下，MOOC的创新之处表现在以下几个方面：

（1）规模更大。一门MOOC的在线学习者人数动辄万人甚至多达十几万人，世界各个地区、各类人群都有机会共享教育资源。这使得高等教育全球化普及和优质教育资源的大规模、扁平化扩散成为可能。

（2）个性更强。学习者可以根据所需把来自不同学校、不同专业的课程糅合在一起，形成极具个性化的课程体系。

（3）交互更灵活。学习者以网络学习为主，翻转式课堂现场教学互动为辅。学习者通过社交媒体与教师、专家及同学相互交流，方便灵活。学习者学习行为和学习模式的变革将引发教学行为和教学模式的变化，传统的师生关系、课堂讲授方式、学校职能、学校制度等也将发生变化。

（4）开放度更高。开放的学习效果评价弥补了以往学习成绩单由教育机构掌控的缺陷。开放的平台使得课程和教学模式变得更加灵活多样，促进了高等教育从以教师为中心向以学生为中心的转变。

（5）数据挖掘更深入。新技术和新模式使在线教育如虎添翼，教育云平台通过搜集、分析学习者在学习过程中的海量数据，利用先进的教育技术调整教学进程，优化教学设计，使因材施教有可能落到实处。

MOOC打破了教育的时空界限，使优质教育资源“扁平化”，构建自主学习共同体，将推动公平、民主的学习型社会的发展；促使高等教育体系向顶尖大学聚拢，加剧竞争向“白热化”发展；降低了教育成本，创造了新的教育商业模式。

第三节　MOOC在中国

面对MOOC浪潮，中国也形成了以高校为先锋，政府支持，力求迅速抓住机遇，在这场变革之中把握主动、抢占高点的态势。

2013年5月21日，清华大学、香港大学和香港科技大学正式加盟edX平台，成为其首批亚洲高校成员。2013年10月10日，由清华大学打造的“学堂在线”作为首个中文MOOC平台正式推出。此前，清华大学、北京大学、复旦大学等都开始制作自己的MOOC，积极加入Coursera、edX等MOOC平台。继清华大学、北京大学之后，中国多所一流大学，包括众多“985工程”大学，也在MOOC发展上毫不犹豫、迅速跟进。

中国在线教育平台迅速成长起来，并显示出一定的活跃度，一系列中国互联网企业和教育机构所建设的MOOC平台，如雨后春笋般地涌现出来，除上述清华大学的“学堂在线”外，还有“智慧树”“过来人公开课”“好大学在线”“网易公开课”“淘宝同学”（图1-4、图1-5）等。2010年1月18日，网易加入“国际开放课件联盟”（OCWC），并上线1 200集全球名校公开课视频。一年后，网易开始上线中国大学的视频公开课，并通过与可汗学院、Coursera等机构合作，迅速成长为中国在线教育的先锋。不容忽视的一点是，上述平台中，有些具有官方背景，有些带有知名互联网企业的基因，但是它们都将关注点集中在课程资源建设这一内容核心问题上，如：什么样的课程搭载网络平台更有生命力？什么样的课程是适合深度开发的？知名高校的课程是否会对不同层次的院校教学带来冲击？这些都是值得研究和探讨的问题，也体现了这些平台企业的社会责任感。

可以说，中国在线教育尚处于起步阶段，在国际在线教育迅猛发展的态势下，在借鉴国外网络公开课经验的前提下，中国的MOOC带有浓厚的本土特色，政府的宏观政策至关重要。教育部门注意到了国际MOOC的发展，并在大举推动中国在线教育的发展，提供政策支持，进行未来规划。2014年5月8日，由教育部、财政部支持的“爱课程”网与“网易云课堂”联袂打造的中国大学MOOC平台也正式上线。“爱课程”网（图1-6）是在教育部、财政部“十二五”期间启动实施的“高等学校本科教学质量与教学改革工程”项目支持下建设的高等教育课程资源共享平台。此网站集中展示“中国大学视频公开课”和“中国大学资源共享课”，并对课程资源进行运行、更新、维护和管理。“爱课程”网是高等教育优质教学资源的汇聚平台、优质资源服务的网络平台、教学资源可持续建设和运营平台。网站致力于推动优质课程资源的广泛传播和共享，深化本科教育教学改革，提高高等教育质量，推动高等教育开放，并从一定程度上满足人民群众日趋强烈的学习需求、促进学习型社会建设。截至2014年10月，“爱课程”网已有68门课程在授。

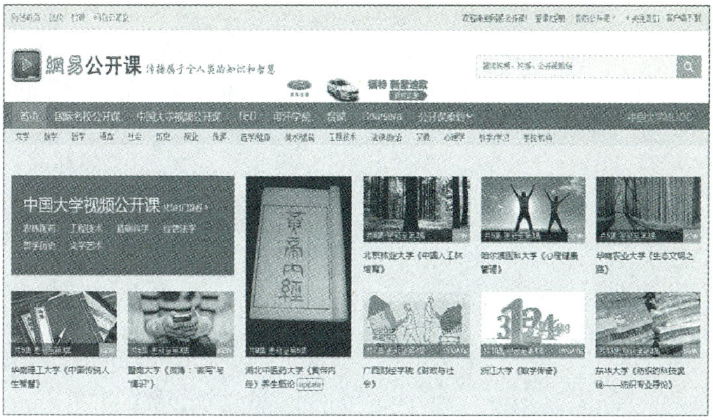

图1-4　网易公开课

图1-5　淘宝同学

图1-6　“爱课程”网

第二章
MOOC平台

MOOC把基于互联网的在线学习方式推向新高度。在这一章中我们将从MOOC平台应用与体验、运营与维护和多维传播理念这三个角度进行介绍。

第一节 MOOC平台的应用与体验

在MOOC平台的课程介绍页面会列出课程的大致内容、开课时间、周学时及教师简介等信息。以上海戏剧学院的MOOC“中国诗书画印之四维解码”为例（图2-1），在网络页面上呈现出课程简介、教学大纲、教学团队、课程表、开放资源等栏目。

图2-1 “中国诗书画印之四维解码”MOOC页面

首先在线学习者登录上海高校课程中心平台（http://www.ucc.sh.edu.cn），完成注册工作，成为一名MOOC学习者，从而开始学习体验。然后检索相关信息，选择这门面向上海市本科生开设的艺术类通识课。接下来，在线学习者可根据教学任务收看教学影片，完成每个章节中的嵌入式考试测评，积极参与网络学习社区的师生讨论活动。现场学习者每两周按时在集中授课教学点现场与主讲教师进行面对面的互动，答疑解惑。在线学习者在学期末参加考试测评，通过后获得学分，圆满地完成学习任务。学习一门MOOC，需要的操作环节如下（图2-2）：

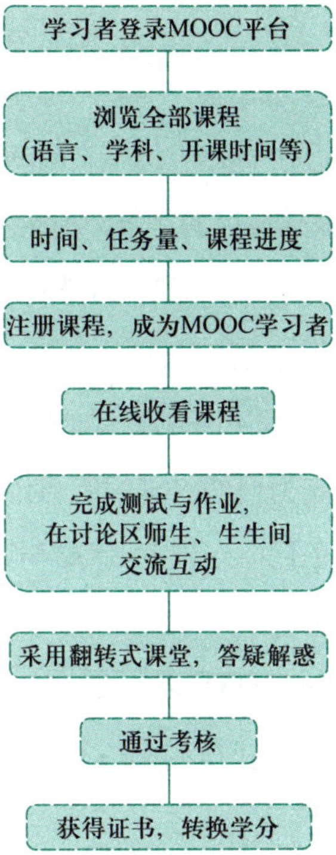

图2-2 MOOC学习流程表

MOOC通过系统性、交互式、有始有终的学习过程，尽力还原线下学习环境，而优质的教育资源也通过这种过程和网络环境更好地被学习者利用。

第二节 MOOC平台的多维传播思维

基于现代信息技术发展起来的MOOC，秉承互联网的思维方式，以互联网为传播途径，搭载教育内容。互联网思维是一种新的思考方式，将互联网思维引入教育实践之中，需要结合教育的本质加以理解和应用。要做好互联网教育，从根本上来说还是要做好学习者满意的产品和服务。面向全球用户的MOOC在大数据的应用、以学习者为中心、免费开放等方面充分体现了互联网思维。总结为以下方面：用户思维（学习者为中心思维）、简约思维、迭代思维、协作思维、大数据思维、共赢思维和跨界思维。

一、用户思维

用户思维是指以学习者为中心的思维，MOOC提高学习者的参与度并使其获得良好体验，更好地满足自主学习，为学习者提供个人学习档案袋、给予不同学习阶段的策略指导、提供进行大规模交流和协助的机会、资源免费开放访问等。在教学过程中也会根据学习者的需求或建议来调整教学内容、进度或教学安排，课程活动组织方式以及课程评价方式也都以能够促进学习者在线学习和互动交流为目的。学习者可以参与任何一门MOOC的学习，无门槛限制，部分课程还可以让学习者参与设计，根据学习者的需求及时调整。以上这些都充分体现了MOOC以学习者为中心的思维。此外，平台是MOOC的基础，课程内容是MOOC的核心，在平台和课程设计方面，MOOC也注重学习者的体验，让他们参与并积极获取他们的反馈建议，以进一步改进。

二、简约思维

互联网思维强调产品专注且设计简约，短时间内抓住用户。纵观现有的MOOC平台，多数是从学习的核心价值和学习者的特征出发进行设计的，关注课程内容的组织，提供符合学习者期望的信息架构，并且关注细节设计。与此同时，平台页面没有过多的冗余信息，提供的都是与课程学习相关的信息或内容，页面大多也都能够令人产生美观、舒适的视觉感受。课程内容是MOOC的核心，MOOC教学影片不需要采用过多的特效设计，录制工具也较普遍，突出的是教师和授课内容，能够将学习者的注意力集中在课程内容上而不被其他信息干扰。

三、迭代思维

互联网思维中的迭代思维是一种以人为核心，迭代、循序渐进的开发思维，允许有不足，不断试错，在持续迭代中完善产品。MOOC的大规模性和多样性，使得课程制作存在很多的未知性，因此课程需要具备一定的灵活性。很多MOOC是边制作边授课的，课程团队通过收集学习者的反馈及时调整课程内容、进度和教学安排。同样，在授课过程中，教师和学习者也会通过互动来不断优化课程设计和组织。除课程之外，MOOC还在平台布局与功能、专业证书设置等方面通过各种渠道收集学习者的建议，不断进行完善。这些都充分体现了迭代思维，在与学习者的不断互动中持续完善课程，不断实践并推动MOOC的发展。

四、协作思维

论坛是MOOC模式中最主要的交互传播和协作学习方式，同伴协作为学习者提供了向他人展示自己的机会，同时促进了学习者之间的网络协作。除了通过在线论坛、同伴互评等方式促进学习者的线上交流之外，MOOC还嵌入其他社交工具，如博客、推特（Twitter）、YouTube等，方便学习者进行交流和讨论。这种交流形式让学习发生于不同的实践社群中，更容易激发学习者的互动热情和兴趣，拓宽学习互动的渠道和形式。

五、大数据思维

大数据思维是指通过数据沉淀，针对个性化用户做精准营销，同时有助于预测和决策。通过记录学习者在MOOC平台中的学习行为数据，为运营机构、教师团队、学校等提供课程、学习者以及教学等方面的数据追踪与挖掘，从而进行改进和预测。通过对大数据分析，可以为不同学习者制订不同的学习路径，逐步实现基于数据的个性化学习。授课教师通过数据分析工具监测学习者的表现，便于及时调整课程内容。基于大规模学习者的学习记录形成的大数据分析和反馈是MOOC从根本上进行升级改造的基础，通过大数据挖掘进行学习者的行为建模、分析与预测，从而逐步实现面向学习者个体的智能导学和面向学习者群体的教学规律分析。

六、共赢思维

共赢思维的核心是以善用平台为基础的。MOOC自诞生以来就将“开放、共享、共赢”的理念贯穿始终。MOOC运营机构以平台为基础，积极发展和高校、政府、企业等的多方合作，从而吸引更多学习者。MOOC运营机构、高校和学习者已经成为不可或缺的MOOC主体。

然而由于目前MOOC的盈利模式尚不清晰，MOOC运营机构、高校和学习者之间如何构建一个可持续的多主体共赢共利的生态圈还需不断探索。MOOC运营机构通过平台和其他服务来推动MOOC各方的运转并通过各种增值服务获取盈利。高校在MOOC平台上可以实践全新的教育理念、推进教育的国际化。学习者除了学习全世界顶级大学的优质课程，对自身的学习以及职业发展有很大的益处，通过网络社区建立以教育为中心的师生、生生社交，为职业生涯打下良好的基础。

七、跨界思维

互联网和新科技的发展，使得很多产业的边界变得模糊。MOOC在不断扩大与高校的合作范围并力图向其他领域渗透。

流量的潜在价值是巨大的，现有的互联网产品大都通过免费策略争取用户，当用户活跃数量达到一定程度时，就会带来无限的商业价值。MOOC之所以引起广泛关注，原因之一就是提供免费的高质量课程，从而在短时间内吸引学习者，使得注册数呈现爆发式增长。同时MOOC注重基于社交媒体的用户分享行为，协助和鼓励学习者将课程信息分享到不同的社交网络中，大幅度降低获取新用户的成本，促使信息跨界流动，从而带来更多的学习者回访流量。在此基础上，通过证书收费、增值服务等方式实现其商业价值，从而获得盈利。

校园大数据、辅导软件的发展有望帮助许多大学、高中甚至小学的学习者掌握基本概念。长期以来人们都知道，一对一教学可以发挥更大的教育作用，但高昂的成本制约了它的应用，特别是在公立学校。那么，如果计算机能够代替教师授课，越来越多的学习者将从中受益，这一点是可能的。系统化的面授和网络学习可以相互整合。面授的好处是营造亲密的学习氛围，促动师生之间互相反馈和启发，促进个体间的意见协商。面授是无可替代的个体建构场，把面授课切成小段，录制成微课程视频，则大大方便了复习。学习者事先在面授时基本掌握了课程的体系和框架，对整个课程有了整体的概念，再听课的时候，任选一段都不陌生，这就能有效地帮助学习者巩固和强化所学。而作为多维传播理念下的MOOC，应该线上线下相互弥补、共同促进，MOOC平台也将在今后的推广中发展线下实体教育，以点状式的实体教学点或学校推进，让学习者不断地体验，知行合一。

第三章

MOOC影像建构法则

MOOC教学影片制作属于低成本影视制作项目，其成果不是炫目的视觉盛宴，也不是粗陋的课程录像。MOOC教学影片具有其自身规律，应遵循网络课程影像建构法则，在制作上要达到一定的标准。在这一章中，我们将为从事MOOC教学影片制作的同行们，提供行之有效的解决方案，使教学影片更好地适应学习者，服务于教学。

第一节　六种教学场景影像建构法则

为便于理解，在介绍影像建构法则之前，有必要先介绍MOOC教学影片的拍摄应遵循的三镜头拍摄法。依靠这种简便易行的拍摄方法，导演不仅可以从容应对不同类型的课程，还可以在多种教学场景中营造出相对统一的影像风格。

所谓三镜头拍摄法，是指在MOOC教学影片拍摄中，将教学空间定位镜头（教室环境镜头）、（教师）台词镜头、（学习者）反应镜头这三类镜头所捕捉的信息综合地呈现给在线学习者。通过实录视频素材，构建出真实、立体、沟通无障碍的网络教学实况场景。镜头1，教学空间定位镜头（环境镜头），把空间关系交代清楚。镜头2，教师台词镜头，拍摄教师授课全过程。镜头3，现场学习者反应镜头，拍摄现场学习者的学习情况。定位镜头客观地展示出一个教学场景。教师台词镜头负责呈现整个教学过程中教师的表现，这个镜头就是成千上万名在线学习者的视角。现场学习者的反应镜头也就是旁观者的镜头，现场学习者的反应是课堂传达信息中重要的组成部分。

一般情况下，MOOC教学影片可以归纳出六种经典教学场景建构法则，形成指导MOOC教学影片拍摄的有效方案。这六种经典教学场景分别是：传统型、会议型、座谈型、实践操作型、场地教学型、大规模讲座型，下面以案例的形式提供详尽的说明。

一、传统型

传统型即以讲台为中心，学习者坐席逐一排开，这也是最常见的教室空间设计。这种空间设计以直排座位（图3-1、图3-2、图3-3）居多。1969年心理学家萨默的研究表明，直排座位安排中学习者接受教学信息的效果并不均等，如图3-1，实线之内的学习者参与课堂活动的积极性较高。因此在MOOC教学影片拍摄中教师应尽量引导学习者坐在实线之内听课，一则保证良好的听课效果，二则方便摄像机捕捉到更多学习者的反应镜头。此类

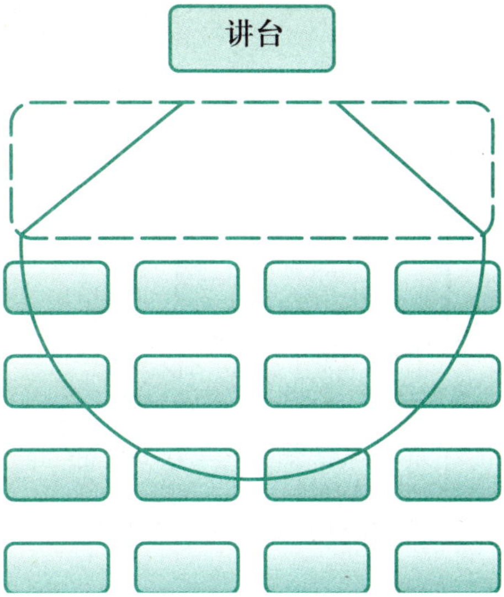

图3-1　直排式教学空间设计学习者学习效果图

图3-2　传统型教学空间设计（1）

图3-3　传统型教学空间设计（2）

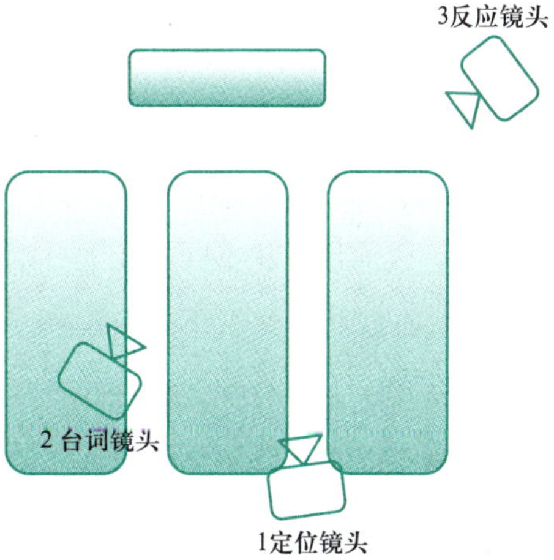

图3-4　传统型教学场景机位图

教学场景中三台摄像机即定位镜头、教师台词镜头、学习者反应镜头，如图3-4所示进行机位安排。

二、会议型

在会议型教学场景（图3-5）中，教师的活动不会被局限于讲台之上。教师拥有较大的个人空间，可以方便地走下讲台与学习者近距离互动。当

图3-5　会议型教学空间设计

图3-6　会议型教学场景机位图

然，教师活动应注意不能速度过快，动静结合，快慢适宜；师生之间自然随意地讨论交流，使人感觉教师既有权威，又十分亲切。在这样的教学场景内进行MOOC教学影片拍摄依然遵循三镜头法则，机位安排如图3-6所示。

三、座谈型

座谈型教学场景（图3-7）即多位教师联袂为学习者们完成一堂精彩的公开课。教师们可从不同视角进行阐述、分析，大大增强课程的可听性、可视性。在这样的情况下，通常有一位主讲教师作为主持人引导话题，掌控课程进度，合理分配教学时间。建议主讲教师坐在左侧，其他教师坐在右侧，人多时也可以部分教师坐在与主讲教师的同一侧；几位教师之间略微集中，如图3-8所示；机位如图3-9所示，同样依照三镜头法进行拍摄。

图3-7　座谈型教学空间设计（1）

图3-8　座谈型教学空间设计（2）

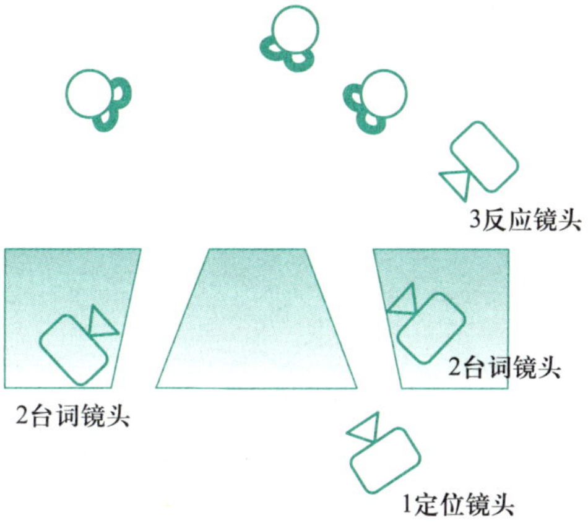

图3-9　座谈型教学场景机位图

四、实践操作型

有很多学科的课程需要在实验室、操作间、实训场地进行授课，教师需要近距离地在操作台前演示并指导学习者进行实践（如图3-10至图3-13）。此时依照三镜头法则按图3-14所示布置机位，并注意拍摄时细节镜头的跟进。

图3-10　实践操作型教学空间设计（1）

图3-11　实践操作型教学空间设计（2）

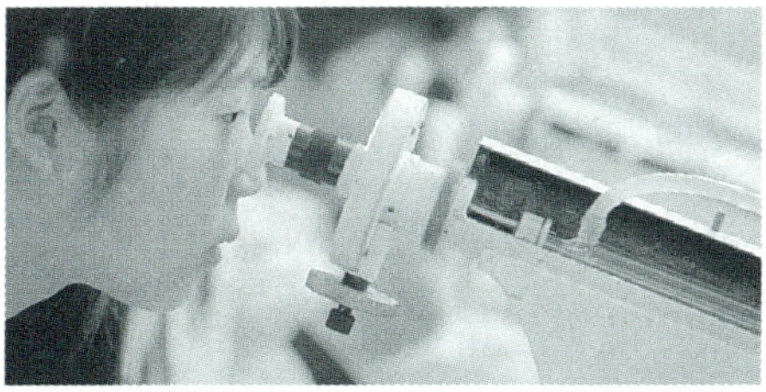

图3-12　实践操作型教学空间设计（3）

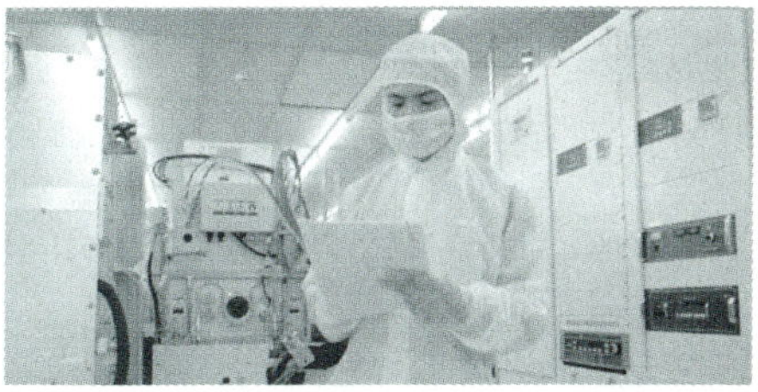

图3-13　实践操作型教学空间设计（4）

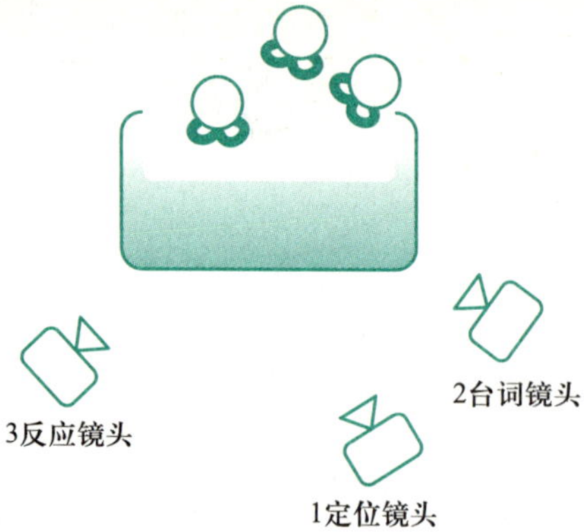

图3-14　实践操作型教学场景机位图

五、场地教学型

体育、舞蹈、音乐、绘画、戏剧与影视训练课都需要在特定的教学场地进行教学，教师与学习者时时进行语言和肢体的互动。拍摄课程时要分清拍摄次序和分解“定位镜头+台词镜头+反应镜头”。教学现场中师生不断在运动，这种教学场景拍摄的要点就是不断地定义人物关系，一种新的关系发生，马上去重新定义；在拍摄过程中要注意用“轴线概念”（见本书第八章第一节）不断地重建位置关系。例如：在舞蹈教学中对于手形姿势的校正需要细节镜头跟进说明。归根到底就是需要照顾到在线学习者的学习进程，遵循受众接受信息的习惯，注意起、承、转、合，建立新的视觉次序，参看图3-15、图3-16和图3-17。依照三镜头法，舞蹈教学场景中布置机位进行拍摄如图3-18所示。

六、大规模讲座型

即在大型报告厅、礼堂进行的课程，现场学习者人数众多，教师居于较高的舞台之上（图3-19）。这里所说的舞台有别于戏剧类教学中的镜框式舞台，更不是可以自由活动的表演空间。在这种教学场景中，主讲人或站或坐于一处，肢体语言和行动也比较简单，现场可能会配备超大的投影银幕以投放教学资料短片（VCR）或PPT，依照三镜头法布置机位进行拍摄如图3-20所示，或可见本书第十二章超级公播课的内容。

图3-15 场地教学型教学空间设计——舞蹈教室

图3-16 场地教学型教学空间设计——排球馆

图3-17 场地教学型教学空间设计——游泳池

图3-18 场地教学型教学场景——舞蹈教室机位图

图3-19 大规模讲座型教学空间设计

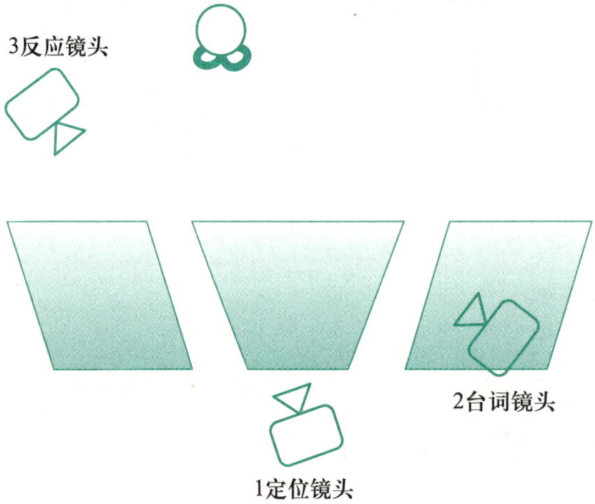

图3-20 大规模讲座型教学场景机位图

第二节　三类教学情境影像建构法则

MOOC教学影片遵循教学规律，区别于文化类影视作品，有必要提供一种合理的、适度的教学视听体验。教学影片制作属于低成本的影视制作项目，导演要在有限的条件下制作出朴素而不失水准的影片，就必须在思路上不断拓展，以软实力取胜。导演要在遵循教学规律的基础上，营造出与之匹配的教学情境，从准备阶段就对制作团队提出一整套可执行的方案。在这一节中，我们提出了MOOC教学影片的三类教学情境影像构建法则，包括言传身教的辅导情境、智慧交锋的访谈情境、拓展训练的互动情境等。在MOOC教学影片拍摄实践中，希望同行们能依照此法，灵活运用，举一反三。

一、言传身教的辅导情境

教师在课堂中传授理论的同时，往往需要配合实践进行佐证。如何营造出这种言传身教的辅导情境，是教学影片导演经常会遇到的问题。在这种情境中，理论是框架、是筋骨；实践则是填充，是血肉。课堂中只有理论和实践交相呼应，学习者才能够情理互通，MOOC教学影片才能够情景交融。

以上海戏剧学院的MOOC“中国诗书画印之思维解码”中“书画同源”专题为例。这节课以中国书法和绘画同形源、同起源、同心源为知识重点，课程除了需要学习者了解理论知识，还通过实践让学习者感受书法与绘画运笔技法的相似之处。根据课程设计，主讲教师量体裁衣，为这样一节理论和实践相结合的课程设计了教师言传身教的辅导情境。以下是该情境的拍摄方案（机位图及拍摄现场示例如图3-21、图3-22所示）：

课程整体影像风格定位：展现中国传统文化的魅力；

教师形象造型定位：儒雅、端庄；

学习者形象定位：偏安静；

情境影调设计：明媚、带有古韵；

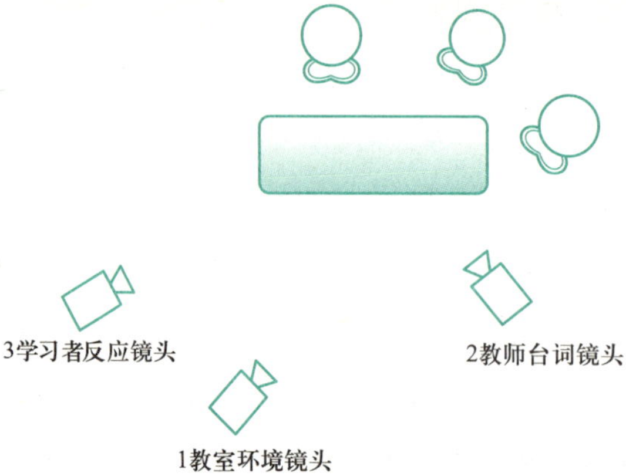

图3-21　言传身教的辅导情境拍摄机位图

玩转中国式 MOOC
二维码

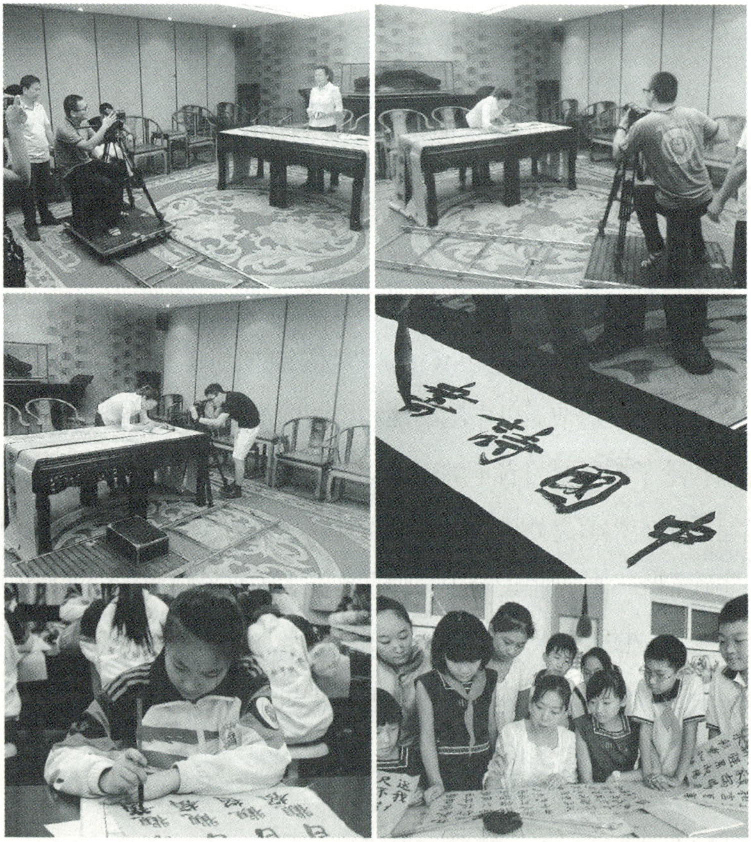

图3-22　“中国诗书画印之四维解码——书画同源专题”MOOC教学影片拍摄现场

摄像机分工：1号机教室环境镜头、2号机教师台词镜头、3号机学习者反应镜头；

灯光照明要求：基本光照度100lx；

录音器材选择：教师和学习者选择使用衣领麦克风。

（请扫描上一页二维码，观看MOOC教学影片范例。）

二、智慧交锋的访谈情境

访谈是一种研究性谈话，指通过与被访者的口头交流来收集所需材料的研究方法。在访谈情境中，需要一名主讲教师担当主持人的角色，他代表学习者提出问题，掌握课程进程，引导多人对课程知识点从多角度进行论证，并在课程结尾处要回顾总结，进行分析、归纳、形成结论。这种多位主讲教师的访谈往往妙语连珠，课程会脱离死板的教案而有许多即兴的精彩呈现。教师与教师之间、教师与学习者之间时常会迸发出灵感的火花，形成智慧交锋的情境。为更好地掌控这种灵活多变的授课方式，避免因拍摄准备不足造成遗憾，提出该情境的拍摄方案（机位图及拍摄现场示例如图3–23、图3–24和图3–25所示）如下：

课程整体影像风格定位：清新、理性；

教师形象造型定位：灵活、睿智；

学习者形象定位：善于捕捉多渠道信息；

情境影调设计：明朗、清新；

摄像机分工：1号机教室环境镜头，2号机教师台词镜头，3号机学习者反应镜头；

灯光照明要求：基本光照度100lx；

录音器材选择：多名教师选择使用衣领麦克风，如果设备数量有限，可以设置台式麦克风；

剪辑方案：遵循台词剪辑原则。

（请扫描二维码，观看MOOC教学影片范例。）

图3-23 智慧交锋的访谈情境拍摄机位图

玩转中国式 MOOC
二维码

图3-24 “中国诗书画印之四维解码——中华文明核心价值专题”MOOC教学影片拍摄现场

图3-25 “中国诗书画印之四维解码——艺术品财经专题”MOOC教学影片拍摄现场

三、拓展训练的互动情境

学习者掌握一项技能需要经过观察模仿、分解练习、完整试做、反馈纠正、反复练习、持续强化的过程，最终形成习惯。人脑对知识、技能、态度的处理和反应方式不同，因此在教学中采取的手段也应该不同。在拓展训练的情境中，教学设计的关键任务是互动过程设计，在越来越多的课堂当中，师生们试图共同营造拓展训练的互动情境。学习是学习者获得知识、技能和形成态度的过程，学习的最后效果是学习者产生稳定的行为变化。在集体活动中，模仿能够帮助学习者完成这些任务。近年来，拓展训练的教学方式被广泛地应用在许多学科的教学过程中。这里提供一个该情境的拍摄方案（机位图及拍摄现场示例如图3-26和图3-27所示）：

课程整体影像风格定位：灵活、有序；

教师形象造型定位：健康、自然、有活力；

学习者形象定位：积极、灵活并有创造力；

情境影调设计：清新、明朗；

摄像机分工：1号机教室环境镜头、2号机教师台词镜头、3号机学习者反应镜头，4号游机负责捕捉课程细节、知识点、趣味点；

灯光照明要求：基本光照度100lx；

录音器材选择：多名教师选择使用衣领麦克风，如果设备数量有限，可以设置超指向性话筒；

剪辑方案：注意轴线关系，当出现混乱时及时重新定义机位分工。

（请扫描二维码，观看MOOC教学影片范例。）

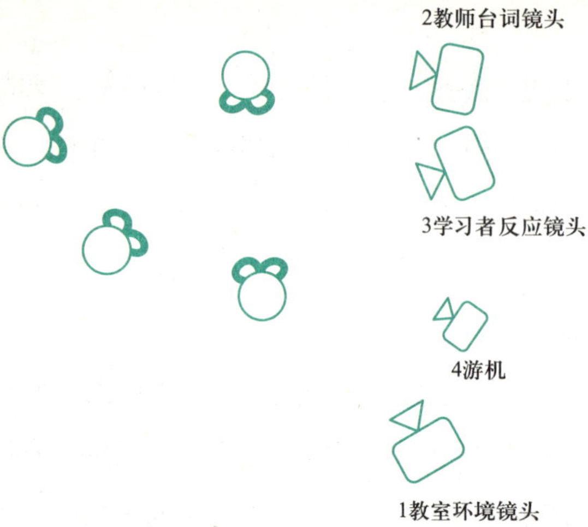

图3-26 拓展训练的互动情境拍摄机位图

玩转中国式 MOOC
二维码

图3-27 “微电影创制——表导演训练课”MOOC教学影片拍摄现场

第四章

MOOC影像建构定位

MOOC教学影片的影像建构是个系统工程，如果想有高水准的呈现，就要从课程前期的准备工作入手，通过课程受众分析、课程分类、课程目标定位、课程教学影片策划形成科学合理的定位，从而进一步指导影片制作的具体工作。

第一节　课程受众分析

MOOC这种新型课程模式确立了学习者的中心地位。学习者掌握了课程的选择权和主动权。在互联网思维下，媒体可以先建立数据库，并在海量数据的基础上为用户提供按需定制和及时更新的内容。就MOOC而言，开设什么课程？满足哪些学习者的什么需求？怎样才能更好地帮助他们顺利完成学习？这些问题都可以从课程注册用户的相关资料中找到答案，因此针对学习者情况的调研即课程受众分析至关重要。

在MOOC的课堂中有成千上万的注册学习者，他们分居于世界各地，背景多样，年龄跨度大，学习动机各异，心智水平和知识能力上都存在差异，情况十分复杂。根据各平台注册选课用户数据信息对MOOC学堂中的学习者进行的概括描述表明，他们有些在现实生活中的职业就是教师，为了拓宽学术研讨交流渠道，从优势教育资源中吸取营养为己所用而选择MOOC（例如：Coursera平台上共有36门教师专业发展类课程，为教师提供免费的培训和在职发展课程）[1]；有些是不同层次的学历教育范围内的在校学习者，为了课内学习累计学分和课外学习补充知识而选择MOOC；有些是预备学习者，为了寻找未来学习方向，提前了解心仪学校的师资实力和课程情况而选择MOOC；还有另外一个庞大的学习人群，属于继续教育学习者范畴，他们日益进取，有些是为了在职场中保持竞争力，有些就是求知若渴。

学习者们通过参与开课前的注册申报表的填写、课程调查问卷的测试、互动教学区的评价和留言等使用行为在网络平台上留下可供分析的数据信息源。通过对这些数据的科学解读，能够了解学习者们的兴趣爱好、专业特长、学习效果和潜在需求。MOOC平台可以做到按照用户需求进行内容集成，学习者按照意愿选择教育师资和课程，在新媒体传播研究领域这被称

[1]　李曼丽，张羽，等. 解码MOOC——大规模在线开放课程的教学考察［M］. 北京：清华大学出版社，2014.

为“众筹模式”，它属于用户自主决定内容生产的典型模式。

在互联网思维下，MOOC改变了线性编排的内容呈现模式，学习者甚至能够提前预订并投资课程内容生产。因此，基于大数据的课程受众分析的重要性再次被强调。美国教育技术分析咨询专家菲义尔·希尔，通过对MOOC教学实践进行研究和分析，提出了MOOC学习者的五种类型[1]，分别是：

（1）爽约者（No-Shows）：这类学习者注册了MOOC，并激活了账号，但没有登录过课程。

（2）袖手旁观者（Observers）：这类学习者登录了课程，观看了教学影片，完成了弹出式测验，参与过讨论区的讨论，但是没有完成考试测评。

（3）临时进入者（Drop-Ins）：这类学习者临时性地参与到学习中，但是无法完成整个学习任务。

（4）被动参与者（Passive Participants）：这类学习者通常不会主动完成课程作业与任务。

（5）主动参与者（Active Participants）：这类学习者全身心地参与到MOOC之中，参与讨论组，完成绝大多数作业、任务和所有的考试测评。

图4-1清晰地反映出最终能主动完成课程的人数的比例目前还比较低。导致这种结果的原因非常复杂，但如果能在课程开发阶段就引入课程受众分析，那么可以很大程度地确保课程内容是学习者所需要的，课程完成率和教学效果都可能更接近预期的效果。

麻省理工学院人工智能科学家、教育家佩格特教授说：“学习的本质是对学习者头脑中认知模式的改造，而不是知识的转移。”[2]学习是有机体为了获得持久的非生理性变化所做的努力过程。只有学习者充分参与、主动思考，自己想明白了，真正持久的改变才可能发生，积极且持久的改变从内心开始。在海量信息的轰炸下，学习者主动找寻内容变得相对困难，MOOC运营平台也理应承担起信息的过滤者和把关人的角色。MOOC平台根据掌

[1] http://www.edu.cn/li_lun_yj_1652/20130507/t20130507_939524.shtml

[2] 田俊国．精品课程是怎样炼成的［M］．北京：电子工业出版社，2014.

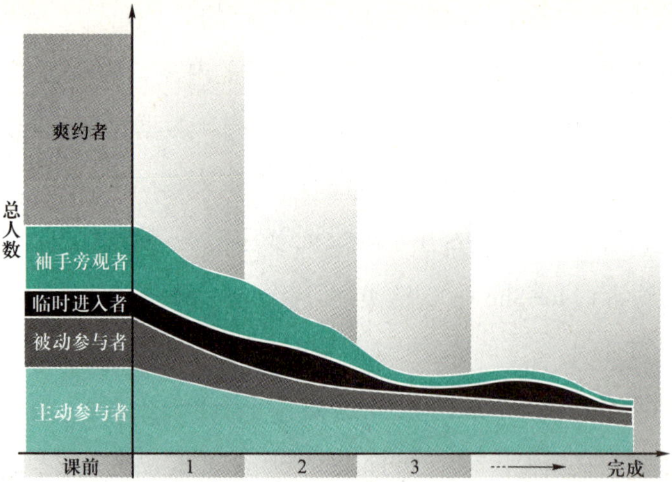

图4-1 MOOC学习者的五种类型

握的注册用户信息，追踪学习者以往在平台上留下的“学习痕迹”，对照与其相似学习者的选择，提供合理的选课榜单及内容介绍，真实地反映课程开放后学习者的学习情况，以便后续学习者进行判断和决策。

受众分析工作将贯穿课程立项到课程投放结束的全过程，可以采取定性和定量调研相结合的方式进行。在课程开设之前，根据有关教育部门提供的常规数据，可以对学习者的共性指标进行通用性分析，以便了解学习者的入学考试情况、男女性别比例、课程需求规划等方面的信息。当学习者在MOOC平台完成注册工作后，平台可以向其推送调查问卷。相似的问卷调查也可以在课程学习中间阶段进行，如在某章节结束后进行，或者在学习者完成课程测验后进行，在这个过程中，调查问卷的设计和投放时机都会直接影响调查的效果。事实证明，在不同时机发送问卷调查，反映出的信息会有所不同。与此同时，MOOC平台可以对所掌握的数据作深入挖掘，平台监测到的在线学习者学习轨迹，包括学习时间、讨论区的活跃程度、浏览课程网页的时间长度、作业的完成情况等，都能直观地反映出学习者的学习状态。另外，也可由MOOC平台的课程顾问对一部分学习者进行样本筛选，对学习者区分不同层次，进行深度访谈和定性分析，不断改善应用体验，以求满足用户的需求。

第二节　课程分类

目前的MOOC涵盖了五个门类学科，即自然科学、农业科学、医药科学、工程与技术科学、人文与社会科学，由不同的平台提供的课程包括英语、西班牙语、法语、德语、意大利语、汉语等多种语言。

MOOC为在线教育带来了新的发展方向，不但能向广大学习者为获取学分提供一条通路，而且非学分课程可以帮助求职者增加竞争砝码，获得一些企业的认可。因此，从这一角度来划分，MOOC可以分成学历学分课程模式和非学历学分课程模式。此前，我们的介绍大多停留在学分课程模式上。其实，在培训行业内，数字化学习（E-learning）的市场份额连年上涨，所有的数字化学习产品（课件内容、平台和课件制作工具）均显出增长态势。市场对在线教育反映良好，规模各异的企业纷纷开始涉足数字化学习。

随着MOOC的快速发展，一些在线学习的新模式不断涌现，拓宽了在线教育的应用范畴。正如哈佛大学在线实验学术委员会主席罗伯特·略教授所说，MOOC仅仅代表了在线教育的初始形态，拥有灵动的互联网思维结合扎实的课程内容资源就如同掌握了金钥匙，所有适应学习者学习的模式都有存在的意义和价值。[1]以下是几类在线教育新模式：

（1）私播课（Small Private Online Courses，SPOC）：私播课是开放和免费的课程，但对入读人数和入读条件都有限制。SPOC与MOOC属于同一类，在教学设计、教学理念上并没有多大突破，只不过更加小众而已。

（2）超级公播课（Meta-MOOC）：超级公播课是可以通过网络技术完成跨地区、多点式大面积传播，可以在多个教学点由多位主讲教师共同授课，学习者人数众多，可共享学习资料、在线互评，对于制作而言拍摄难度大、转播难度大的超大规模MOOC。

［1］　http://paper.jyb.cn/zgjyb/html/2014-05/21/content_417460.htm?div=-1

（3）深度学习公播课（Deep Learning MOOC，DLMOOC）：深度学习公播课是麻省理工学院媒体实验室（MIT Media Lab）、结伴大学组织（Peer to Peer University）和休利特（Hewlett）基金会共同研究的新型网络课程模式。

（4）移动公播课（Mobile MOOC）：移动公播课是指通过移动设备学习的MOOC，致力于MOOC与移动学习的有效整合。

（5）大众开放在线实验室（Massive Open Online Labs，MOOL）：大众开放在线实验室与实体实验室比较有两大优势，即全年无休的开放和重复实验，方便找出实验失败的原因。

（6）分布式开放协作课（Distributed Open Collaborative Course，DOCC）：分布式开放协作课不局限于单一专家授课，专家背景多样化、分布在各大高校；强调在数字时代的协作学习，避免学习者被动学习。

（7）个性化公播课（Personalized MOOC，PMOOC）：个性化公播课对在线学习的学习者个性化需求上做了一些变革，比如：学习者自定学习步调，自我选择开始与结束时间；系统可以自动跟踪学习者的学习进程，并给予每个学习者恰当的学习建议。

（8）大众开放在线研究课（Massive Open Online Research，MOOR）：大众开放在线研究课包含了大量的研究成分，为学习者从学习到研究的过渡提供了渠道，使得教学重心由知识的复制传播转向问题的提出和解决。

虽然每一种模式都代表了在线教育正在进行的新型探索与实践，但是它们都带有MOOC“免费、公开、在线”的基因，所以仍可将它们看作MOOC的延续与创新。对于MOOC教学影片制作团队而言，要根据不同的课程需求量体裁衣，制定不同的教学影片制作方案。

第三节　课程目标定位

在过去几十年里，传媒业一直沿袭着这样的生存逻辑：先生产内容，然后寻找合适的受众，争取付费订阅，同时靠受众注意力赢得广告。在这个过程中，媒体在封闭的结构中自给自足。而在互联网思维中，这一切将被彻底颠覆，开放平台、用户导向、需求驱动、大数据支持、扁平化等关键词被人们普遍认可，由此彻底改变了媒体内容生产和经营模式。MOOC平台同样具备这种优质基因。在这一思维模式的驱动下，MOOC平台先行捕捉学习者需求，然后提供按需定制的课程服务，课程发布出去的同时学习者及时反馈使用信息，MOOC平台再根据注册学习者的使用情况及时调整课程，这样的课程定位与学习者的需求匹配程度极高，效果自然非常理想。MOOC平台对学习者情况和课程内容实时监控所形成的大数据，通过深度挖掘和程序化的操作手段可以随时被调用。从目前主流MOOC平台的选课情况来看，一门课程的选课人数可以轻松超过万人。这也就意味着一门课程蕴涵着大量的学习者学习行为数据，这些数据具有量大、高速、种类繁多等特点，能够反映教学的每一个环节和模块的实践情况。充分利用MOOC平台的大规模学习者的数据可以更好地改进教学过程。重视课前注册学习者调查，追踪课后学习效果调查，最终对课程目标定位都有重要作用。从这些宝贵的数据中我们可以清楚地掌握以下情况，以便指导课程目标定位：

（1）学习者的人口学特征；

（2）学习者的学习习惯；

（3）学习者的选课动机与学习计划；

（4）学习者对课程知识的掌握水平；

（5）学习者对课程的期望；

（6）学习者对课程质量的评价；

（7）学习者对课程资料的评价；

（8）学习者对自学效果的评价；

（9）学习者对学习任务量的评价；

（10）参与线下面对面教学及其他在线教育方式的比较；

（11）学习者中途放弃学习的原因；

（12）其他信息等。

自孔子起，几千年来因材施教始终是教育者们的愿望。在MOOC教学和学习中，因为学习者数量庞大，学习行为各式各样，基于网络平台的数据分析可以详尽快速地捕捉、记录、存储、传送和处理这些数据。MOOC利用大数据资源使得因材施教成为可能。课程目标定位是课程成功的起点，每位教师都有自己的心得，以下几点可以共同分享：

一、课程目标定位决定内容取舍

当明晰学习者需求后，教师在课程原有的知识框架下追加内容，目的是为了学习者更容易理解，与实际生活联系得更紧密。为此教师们收集大量素材，但是在这个过程中却很容易被琳琅满目的内容所淹没而模糊了目标定位，因此在取舍之间要考问其与目标的匹配关系。

二、课程目标定位牵引教学过程

教学目标所确立的重点、难点自然也应该是课堂上的着力点，分配更多的时间。教学过程是学习者对所学知识的自我建构过程，学习者对知识的理解很大程度上取决于其对所学知识的自我建构过程。

三、课程目标定位指导授课教师

目标对授课教师来说也有很强的指导意义。目标表述清晰，教师上课时越有针对性，也越有评估压力。相反，课程目标描述得很模糊，教师教学与学习者学习就失去了评估指标。

四、课程目标定位是课后测验的依据

课程目标不清晰，课后的考核就缺乏依据，效果测评就显得困难。追本溯源还是在于课程目标的描述上，目标不清晰是教学效果无法衡量的根本原因。

以上海戏剧学院的MOOC“中国诗书画印之思维解码”为例。2014年春季开始该课程首轮投放于上海高校课程中心平台，受众人群是上海“985工程”“211工程”高校本科生，作为一门艺术类通识课，选修该课程的学习者大多是1995年以后出生的年轻大学生，通过选修这门课程可以获得跨校双学士学位的学分。主讲教师希望能突破以往大学艺术欣赏课中单一艺术门类如书法、绘画欣赏的固定模式，将诗歌、书法、绘画、篆刻艺术方面的知识融会贯通，以历史故事、珍品收藏、艺术品财经知识贯穿始终，通过MOOC这一新的课程教学方式，提升课程的可视性、可听性，这也引发了除了文科之外的学习者的学习热情。同时该平台考虑到该课程第二轮投放的受众人群会偏重于成人艺术教育培训方向，因此课程受众人群的年龄跨度不仅局限于大学生群体，还考虑在每一次的面授课程及课程升级版本中，照顾更多课程受众的需求。于是主讲教师邀请荣宝斋鉴定师、复旦大学历史学家、苏斯比拍卖会顾问等专家学者为课程设计出谋划策，最后课程定位于“以鉴代赏、赏鉴结合”。就在这样反复打磨的过程中，课程逐步升级，定位越来越精准，这都有赖于前期对课程受众的科学分析和准确定位，这些为MOOC教学设计和教学影片的策划奠定了基础。

第四节　课程教学影片策划

对于MOOC而言，教学影片的制作过程本身即是教学过程。通过视频教学最好能够达到面对面、一对一的教学效果，使学习者有强烈的参与感，而不是做一个观看网络公开课的旁观者。这需要教师和MOOC教学影片制作团队共同为之付出辛勤的努力，将教学设计与教学影片的策划相互结合。

一、影片策划要符合学习者的生理和心理规律

MOOC教学影片策划要符合人们生理和心理的基本规律，比如大脑的

记忆规律、动作技能的强化规律等。这一点在课程开发的过程中要充分考虑，努力让课程内容符合教学的需求，让教学策略与课程内容的特点相适应，让教学形式能够根据课程内容做创新设计，整个过程张弛有度，学习者轻松愉快地完成学习任务。教师要真正脚踏实地地做教学设计，课程形式创新没有最好，只有更好。创新无非是人们提取了知识，并将知识与知识、知识与现状产生有意义、有价值的关联。

二、影片策划要与教师的教学设计紧密结合

在MOOC教学影片策划过程中，教师其实起到了编剧和导演的作用，要与制作团队形成最佳配合，每一个细节都需要精心的讨论。由教师和影片制作团队核心成员组成的教学设计小组，通过以头脑风暴的形式进行教学设计。教师提出需求，MOOC导演判定制作方案是否可行，集思广益，目的只有一个，就是为今后的MOOC教学影片加分。团队成员可能会汇聚很多好点子，提出很多教学设计方案。例如：插播教学资料短片（通常称为VCR）、游戏互动、情境模拟等。但课程教师有最后的裁决权，而且对教学方案的评价要有统一标准，标准就是：激发、冲击、参与、启发、记忆。

（1）激发。好的形式首先能够吸引学习者的眼球，激发学习者的兴趣，给学习者一个简单易学的印象，化解学习者的畏难情绪。

（2）冲击。好的课堂要给学习者一种冲击感，促使学习者应用新知，产生变化。

（3）参与。课程设计让学习者有更高的参与感，让他们从死的概念中获得活的体验，如果没有很好的学习体验，就不会有深刻的反思和总结。

（4）启发。形式是为内容服务的，好的形式一定紧密结合课程内容，激发学习者反思，学习者参与之后能受到某种启发，而这些启发恰恰是课程想传递给学习者的。

（5）记忆。好的形式本身就是日后知识提取的线索。教学设计帮助知识的记忆和积累。

在MOOC的教学过程中如何能够让课堂生动，成为教学设计环节和教学影片策划环节必须解决的问题。在这些环节中教师与导演彼此之间要有合作意识，就课程形式达成共识，通过以下三种手段促成上述五个目标的达成：

1. 惊喜与期待

好的形式会给学习者冲击感，惊喜和期待层层递进，可建立起、承、转、合的合理结构。

2. 参与与共鸣

好的形式还要能够调动学习者们的参与并引起共鸣，让学习者能够移情，营造的情境要紧贴学习者学习生活的实际，并要做细节的、情感的演绎。如果某个知识点找不到典型的情境，设计者就要考虑是否还要在课堂中出现。教师一定要将概念还原到情境、故事、游戏中，让学习者经过体验后能够领悟知识概念。

3. 启发与创造

教师要将道理巧妙地隐藏在某种情境中，换个角度讲，即借助某种形式，让学习者从情境中体会道理，从而实现知识的所有权转移，从而积极地获得新知。

教学设计的关键任务是互动过程设计，需要学习者的配合。学习是学习者获得知识、技能并形成态度的过程，学习的最后效果是学习者产生稳定的行为变化。所以，好的课程必须以学习者为中心，重要的不是教师讲授了多少，而是学习者接受了多少。一堂课下来，给学习者留下深刻印象的无非是那些自己分享的，受到启发的（当然往往是自己困惑很久而得到他人意外的启发），与人共鸣的信息。一门好的课程，总是教师和学习者合作的结果，教师要积极调动学习者的参与热情，学习者的积极参与又会调动教师的授课激情，相互促进，课堂效果自然会好。

三、影片策划教师和导演要协同作战

影片制作团队要很好地了解教师的意图，通过技术手段尽可能配合，以达到高质量的教学效果。当教师将课程目标、定位、内容确定下来之后，课程开发小组可以依据课程内容的特点与MOOC教学影片制作团队共同研究教学形式的突破点，目的是为了便于影像表达。这一过程从分析学科特色，分析每个教学单元的教学目标、能力类型和学习者精力状况开始，之后确定教学形式，如：“讲授”“分组讨论”“角色演练”“情境模拟”“学习者作业”等。教师可以根据课程实际分为态度、技能、知识教学，根据不同需求和不同的目标与导演共同商议具体的教学呈现方法，并根据实际采取不同的教学策略。

1. 情境式教学的特点

情绪对学习者完成学习任务影响极大，选择情境式教学，要将讲的道理蕴藏在情境之中，然后提出问题，制造学习者的认知失衡，引发学习者讨论，从而激活其旧知、营造协商气氛、促进反思、引导达成共识，甚至可以让学习者自己呈现，最后再做适当点评。通过这样一个完整的过程，把思考的所有权转移到学习者那里。

2. 技能型教学的特点

传授技能的教学则强调反复练习和强化，教师要示范、分解，学习者要模仿、练习，体育课、舞蹈课和技术操作课都属于这一类。教师对现场学习者给予及时恰当的反馈和纠正，学习者通过再练习达到初步掌握的目的，课堂上要完成“学”和“习”的接轨。从某种意义上讲，多数的技能都很难在课堂上完全掌握，课堂上要激发学习者产生在生活中使用所学的冲动。技能被最终掌握的标志是达到隐形记忆和肌肉反应，学习者几乎不用大脑意识参与，而是潜意识地自动完成。很多运动员都靠下意识反应完成某个动作。

3. 知识传递型教学的特点

知识传递型教学的重心要放在能让学习者成功“提取知识”方面。课程设计中强调对知识进行归纳分类、为知识捆绑多条线索、帮助学习者精加工等，教学过程中更强调不断重复、调动左右脑参与。从某种意义上说，传统的考试是检验学习者是否掌握知识的好办法。

在具体实践中，教师会发现：态度、技能和知识经常组合成一个有机体，学习者完成某项任务往往三者都需要，不宜强分，但不同教学单元也确实应有侧重。MOOC的教学设计也要符合影片拍摄要求，太过天马行空会使导演无法用镜头表达，所以要保持双方顺畅的沟通与协同，从了解需求、描述目标、搜集内容、选择与创新形式到架构逻辑、编排过程，甚至多少回的反复磨合，都要经得起教学实践的检验。

四、影片策划要服务于教学

好的课程影片不仅能帮助人们理解、掌握所学知识，而且给人留下很深的印象。因此，在课程形式的创新上，投入再多的精力也是值得的，作为一名教育工作者应该不断探索更好的传授知识的形式，才能把知识讲活，把学习者的心抓住，把学习者从煎熬应付的状态中营救出来，转而将课堂变成气氛活跃的知识乐园。对教育工作者而言，任务不是创造什么思想和理论，而是把已有的思想和理论、方法与工具演绎好，让学习者容易掌握。

设计是科学，表演是艺术！好的形式要能激发学习者反思，能给学习者启发，能让学习者从中汲取意义和价值。教师在教学过程中可以继续收集和揣摩更好的形式，用更好的游戏替代当前的游戏、用更好的故事替代当前的故事。在MOOC教学影片制作前期的策划阶段，主创人员要反复追问：这么呈现能够完成教学任务吗？必备知识点强调了吗？关键问题解决了吗？好的形式永远都要为内容服务，而不能喧宾夺主，脱离了内容的形式就是形式主义。具体到某个教学单元采用什么样的教学形式，选择的余地会很大。滥用新颖的形式，结果形式并不能带来与课程内容相关的、有价值的启发，反而是哗众取宠，为了形式而形式，学习者反倒产生逆反心理。因此适合的才是最好的。

第五章

MOOC 教师工作手册

MOOC 对教育的改变，主要在于打破了传统的教学结构，重新定义了教学过程中各个组成部分的功能。在 MOOC 教学影片摄制过程中，教师经常出现两种情况：一种是面对镜头难以建立良好的视听沟通机制，一遇到摄像机就有失水准；另一种是在教室里四处游走，自然熟练有余，却完全忽视了摄像机的存在，只注意到现场学习者却忘记了在线收看的学习者。如何使授课者的音容笑貌、精巧的课程和教学设计与 MOOC 教学影片完美地融合？专业的制作团队可以依托现代影像技术，经过导演的调度让教师充分掌握摄像机前的个人展演技巧，从而提升 MOOC 教学影片的可听性、可视性，使教学影片达到一个较高的质量水平。在这一章中，我们将有针对性地帮助教师解决授课时的语言、体态、造型等方面的问题，以期全方位塑造授课教师富有魅力的形象。

第一节　教师的职责与角色的升级

由MOOC引发的学习革命，使越来越多的课程在云端中呈现。MOOC时代，教室变了，学习者变了，教师的教学方式当然也要随之发生变化。

MOOC教学影片制作的整个过程，需要由主讲教师和多技术工种组成制作团队共同完成。在课程上线前，教师需负责完成课程设计，包括课程知识内容、学习参考资料、作业、试题等。制作团队负责导演、摄像、灯光、照明、剪辑等工作，通过相互协调、紧密配合来完成任务。在上线后，也需要技术支持、内容支持，教师和助教需要及时掌握课程状况和学习者的学习动态。很显然，MOOC的教学过程与工作方式同传统课程是有所区别的。

与此同时，MOOC教学影片的制作又有其特定规律，从网络课程的影像建构角度而言，教师在备课阶段的案头工作相当于编剧工作，而教学现场的授课，与学生交流，做好场面调度，实则是影片导演的一部分工作。教师作为传播者同时有教学展演的任务，多种角色集于一身，因此MOOC教学影片对教师要求极高，教师的责任重大。

在MOOC教学影片制作中，教师的课程制作能力与教育教学能力两者都不可或缺，成功的MOOC教师应该具备以下素质：

（1）能够准确理解MOOC的教学理念并将其贯彻于课程与教学设计、视频录制和网络平台的讨论中。MOOC教学与传统教学有很大差异，因此教师要思考对于众多水平不一的学习者来说，怎样传递和表达最有效，哪些课程资源最适合，怎样帮助学习者理解相关概念和理论并将其用于解决真实世界的问题，营造积极学习和深入学习的气氛。

（2）注重与影片制作团队的合作与共享。MOOC教学影片制作与教学突出合作的重要性。MOOC教学影片制作团队成员从不同角度为主讲教师提供支持，教师作为团队的核心，需要与技术人员协调，最大限度地通过技术手段实现自己的教学设计，同时需要与其他教学人员合作管理课程的上线和讨论互动活动。

（3）具备无私奉献精神。奉献精神之所以重要，是因为在课程影片制作与教学中，教师要付出许多难以估计的“自己的时间”，从事“额外工作”，如果没有奉献精神，很难支撑下去。

（4）确立教学特色和风格。同一门课程往往会在不同的MOOC平台、由来自世界各地的教师执教，而能够吸引更多学习者注册的原因，不仅在于课程自身的重要性，更在于教师以何种方法、何种特色呈现这些课程。教师以特色吸引学习者、赢得学习者才是MOOC成功的重要标志。

第二节　丰富多样的教学设计

MOOC的教学设计与传统课程的教学设计存在一定区别。为了使在线学习者对课程保持一定的注意力，在MOOC教学设计环节就要考虑到教学影片的可听、可视性。MOOC的主讲教师要遵循教学规律，同时要考虑课程的时长限制，浓缩提炼，紧凑而完美地完成好教学的各个环节，这是MOOC教学影片制作成功的保障。

一、教学过程的五大环节

美国犹他州州立大学戴维·梅瑞尔教授在综合比较研究了11种不同的教学过程后，提出了五星教学思想，把教学过程分为五大基本环节，在MOOC教学设计中可以从中得到借鉴。

1. 聚焦问题

聚焦问题强调教学要以问题或任务为中心，学习内容只有与学习者的学习、生活息息相关，任务和问题对学习者有吸引力，才会激发学习者参与的兴趣。无论谁，无论上什么样的课程，学习者都会问：“它对我的价值是什么?”如果学习者找不到课程对他的价值，就很难真正参与。只有问题跟学习者相关且有价值，才能真正吸引学习者。一堂优质课程是教师和学习者默契配合的结果，教师营造好教学环境，学习者踊跃发言、相互启发、提出高质量的问题，又激发教师输入一些好的信息分享，师生间都产生很强的自我效能感，一旦营造出这种氛围，无论是现场师生还是在线学习者都能积极地参与其中，得到美好的享受。

2. 激活旧知

激活旧知，强调要有效激活学习者之前的与所授新知相关的旧知识经验。学习者都是带着自己固有的信念、知识经验来到课堂的，人们总是试用以往的信念、知识经验来解释这个世界，解释新事物。掌握新知就是把新知转化成旧知的过程。

3. 论证新知

论证新知主张在教学过程中教师要向学习者展示、论证要学习的新知，而不只是告知。学习者希望课堂所授的新知，能用已有的旧知来论证或解释，教师能帮助其建立新知和旧知的联系，或引起其认知冲突，帮助其理解。学习者只有自己真正想明白了，才会真正接受。

4. 应用新知

应用新知即安排学习者对所传授的新知进行应用，新知同时也被学习者强化。在应用新知的过程中，要求教师给学习者恰当的反馈和指导，以便其正确验证。

5. 融会贯通

融会贯通是学习的终极状态，学习者将新知融会到自己的信念系统中去，在日常生活中自觉应用，能够把所学灵活运用到不同情境中去，甚至能够运用所学进行探索、发明、创造，就达到了融会贯通的境界，这时候新知就转化为旧知了。

第一步聚焦问题，就是以教师为中心，将学习者置身于一个情境、任务或问题中，教师用情境驱动或问题驱动激发学习者的兴趣。第二步激活旧知，就是把课堂的焦点转移到学习者身上，驱动学习者产生联想，试图让学习者用他们过去的知识经验来解决当下的问题，其目的就是要激活学习者消化新知的“酶”。因为学习者只有把教师要传授的新知和自己已有的旧知和过去的经验关联起来，才能把新知整合到自己的知识体系中。第三步论证新知，焦点又回到教师身上，教师要引领学习者剖析现象背后的道理，要给学习者一个可以信服的论证，这又驱动学习者去推理，甚至从多角度、多方面论证新知，把新知和已有经验相关联。第四步应用新知，球又抛给学习者，驱动学习者有意识地运用新知，在这个过程中教师可以帮助其完成以树立信心，帮助其纠偏以免产生误解。学习者自己有了切身的感知，受到激励，就有利于掌握。第五步融会贯通，这是一个相对漫长的过程，也是教师和学习者互动的过程，每个人都可以结合自己的经验谈对新知的体会、谈自己的感悟，实现新知和旧知的深度关联和融合。

新知被彻底掌握的标志是：学习者将新知彻底织在自己认知图式的大网上，弥合新知与旧知之间的差距。

二、课程五大要素

这里可以归纳出课程的五大要素：目标、内容、形式、逻辑和过程。

1. 目标

目标应该聚焦在学习者的具体行为表现上，即改变什么态度，完成什么任务，解决什么问题。换句话说，课程目标应该表述成让学习者行为产生变化，实现情感、态度、技能、方法等多方面的发展。目标的精准确定会让课程从出发点上就有根本的改变。课程目标不同，会给学习者带来完全不一样的体验。

2. 内容

课程内容要紧贴教学需要，要针对学习者的需求，只有适合学习者的内容才是最好的内容。内容还要区分知识、技能和态度，不同类别的课程内容，在认知过程中大脑接受和加工的机制不同，教学策略也理应随之动态地调整。

3. 形式

对教育工作者来说，“怎么教”很重要。教学设计就是要为“死”的知识、思想设计“活”的学习者体验，也就是设计课程形式。

4. 逻辑

好的课程必须有好的逻辑。课程开发需要广泛收集素材，但最终将诸多素材整合在一起的是逻辑。课程的逻辑如同一条贯穿始终的红线。合理完整、脉络清晰，学习者容易建立信心，顺利进入良性学习状态，最终指引其达到目标。

5. 过程

教师授课的过程也同时是学习者接受、理解、掌握新知的过程。教学设计既要考虑不同内容的时间分配，又要结合人的生理和心理规律，再进一步追求每一堂课的层次感和节奏感，推进教学工作更上一层楼。

教学设计不仅要对不同的课程内容设计不同的教学策略，还要在课程内容的形式、整个课程的逻辑结构和教学过程上下功夫。如果说内容是原料的话，形式、逻辑、过程则更像加工厂的工艺流程。许多时候工艺对产品的质量起决定作用。真正留给教学设计者巨大创作空间的是形式、逻辑、过程的设计。使学习者在课堂中得到良好的体验，持续抓住学习者的注意力是教学设计的关键。只有立足学习者体验的教学设计才能够降低学生对学术权威的依赖，只有丰富而深刻的体验才能促进转变。哈佛大学成人学习与专业发展教席教授罗伯特·凯根在他的《变革为何这么难》中抛出一个现象引发读者思考：一项医学研究显示，心脏内科医生告诉重症患者，如果不改变个人生活习惯，如饮食、锻炼、吸烟等，他们将必死无疑，但是只有大概1/7的人会真正改变自己的生活习惯。剩下6/7的人，难道就真的对生命毫无眷恋吗？还是有什么东西让人们在面临致命危险时，仍然无法改变自己致命的嗜好？这说明，真正能驱动人改变的最好是全方位的、立体的刺激。多元智能的倡导者加德纳教授的观点是：人有多元智能，而在教学过程中也要采取多种手段，刺激大脑的多个功能区，让学习者将尽可能多的智能都投入到学习过程中，这样学习效果最好。

MOOC教学设计环节要特别强调逻辑。《周易·系辞上》中说：“形而上者谓之道，形而下者谓之器；化而裁之谓之变，推而行之谓之通。”即便课程内容的素材很多，最后也都要统一在一个逻辑框架之下。MOOC教学影片段落时长在10～15分钟，教师没有太多洋洋洒洒地铺垫的时间，因此教学设计的逻辑结构是否严谨决定了课程的品质。授课的过程也是按照课程逻辑逐渐展开的过程，课程的开始先要给学习者一个总体的逻辑架构。精巧的课程逻辑结构可以引导教学过程，便于时间分配；可以使认知由浅入深；可以多线索推进而主线贯穿始终；可以帮助学习者理解和记忆。人们都很喜欢有条理的陈述，逻辑跳跃或任意蔓延的人通常被称为语无伦次。在这一点上，只有从生物学的角度遵循自然规律才能达到事半功倍的效果。人脑非常排斥那些零散杂乱、无章可依的零散输入，容易接受那些排列好的，尤其是与自身已有的信息系统和价值逻辑吻合的输入。逻辑既是内容整合的主线，更是内容割舍的依据。逻辑好比塑像的线条，为了线条优美就不得不对有些内容进行割舍。逻辑也是目标到结果之间的桥梁，好的课程通常以多条线索推进来实现目标，给学习者富有变化的感觉。

不过，无论教学设计者的逻辑体系多完美，学习者吸收的都是其中对自身最有价值的那些部分。从吸收到提纯，从混沌到有序，学习者在这个过程中构建自己的逻辑。比较实用的办法是一根主线贯穿其中，若干辅线多次循环，形成立体网状结构。从丰富多样的教学设计中，可见教师的功力与心思。

第三节　声声入耳的语言表达

在MOOC教学影片摄制阶段，教师的语言表达不必特别强调字正腔圆，更不必特别强调华丽动听。如果能够在清晰、准确的基础上做到个性鲜明、吸引学习者，就已经非常成功了。教师们声声入耳的表达可以通过日常简便易行的训练调试和长期教学工作的经验积累而实现。

一、口腔开阔，吐字清晰

任何一件教学精品，准确、鲜明、生动、得体的口语表达都是最基本的元素。为提高表达能力，可以适当进行语言训练，从而做到吐字清晰、气息稳定、用声科学、富有美感。

俗话说“语清意自明”，可见想明明白白地表情达意，语言清晰是无法回避的基础。语言清晰首要的是字音准确。我们知道，发音的主要部位是口腔，口腔开度、唇舌力量以及面部肌肉配合好，就可以达到字音准确的基本要求。首先，口腔开度比平时说话要大（这里所说的“大”不是把嘴张大，通常把嘴张大时，口腔状态是前大后小，也就是前开后不开，我们要求的是前后都开）。练习时四种面部动作同时进行，即“提颧肌、挺软腭、打牙关、松下巴”。颧肌提起时，面部略带微笑状，口腔前部有自然扩展的感觉。抬起舌尖抵住口腔上壁前后滑动，比较软的椭圆部分就是软腭，不说话时这部分是下垂的，说话时要有意挺起才能开大口腔后部空间，而这一点是日常说话时不被关注的，我们可以通过打哈欠或一口咬掉半个苹果的动作来体验这一状态。打牙关是指上侧后槽牙向上提起，我们平时说话时上下后槽牙有一定的距离，但空间是不够的。发音时，下巴自然内收会使口腔放松，下巴用力则会使舌根及咽部紧张；下巴要做到自然松弛，练习时可以从这一点进行体会。

“工欲善其事，必先利其器”，口腔是表达语言的工具，工具合手了，再适度加强唇舌力量、吐字归音等方面的练习，就能生产出合格的语言产品，至于所要达到的标准可因人而异，过于苛求反而会影响授课效果。

二、声带松弛，气息稳定

做到语言传神需要情、声、气的完美结合。凡是能吸引受众的课程，授课教师的情感流露无处不在，这种呈现或出于天然，或是千锤百炼的结果，并非特别劳神费力。而由于授课环境和学习者人数不同，教师需要适时调整音量和工作强度，有道是“日语千言，不损自伤”，下面我们重点阐述如何减轻因此导致的声带疲劳、气息不足等问题。

1. 根据个体音域设定中声区

每个人的声带条件都不一样，发音技巧不同，使用音域不同，从而音高就不同。养成良好的用声习惯，首先要根据个体音域设定中声区。咽喉部位的肌肉群尽量放松，全身肌肉也自然放松，在几乎完全避免声带摩擦的前提下，发出松弛的“啊”的延长音，这就是中声区发出的声音。

2. 在这个基础上使音高时时处于可控范围

用声不要偏高或偏低，用声偏高声带会绷得过紧，用声偏低声带要用力收缩，二者都会增加喉部的负担。在练习时可以在设定中声区后发出螺旋“啊”音，从中声部逐渐升高，回到中声部后再逐渐降低，以此了解自己的音域，找到游刃有余的状态，从而有效缓解声带疲劳。

3. 控制好喉头位置

喉头要力求始终处于吸气时的位置，在说话过程中不应上下、左右频繁移动，这种稳定是运动中的相对稳定，不能僵硬。

4. 不要长时间加大音量

MOOC教学影片摄制现场并不需要大量观众，因此音量只比平时说话时稍大一些即可，即使有时人数较多，也可以借助扩音设备等技术手段。

气息控制实际上是呼吸方式的控制，气息不好，很容易产生气喘吁吁或声嘶力竭的现象。在常见的呼吸方式中，以声音为重要工具的从业者，如播音员、教师、话剧演员、歌唱演员等，都以胸腹联合呼吸为主。

呼吸方式包含着吸气和呼气两个过程。吸气时要做到“气下沉、两肋开、横膈降、小腹收”。吸气要深，将气吸到肺的底部，有如深吸气闻花香的感觉，这就是传统说法中的“气沉丹田”。这时下肋骨附近扩张，膈肌下降，小腹用力收缩，腹壁保持平正状态，背部挺立，脊柱几乎不动，两侧向下和向左右扩张，这时腰带周围是紧张的。呼气注意保持吸气状态，这一点很重要，就像一只贮满气的气球，不能一下子将气放光，而是通过控制出气口使之缓缓而出；要遵循节省、均匀的原则，达到呼与吸的对抗，做到稳劲、持久、自如。

在气息训练中，可以缓吸缓呼和急吸缓呼交替进行。缓吸缓呼要求自然放松，平稳柔和，吸气时要有像我们前面说的闻花香的感觉，呼气时保持吸气状态，控制住两肋和膈肌，平稳、均匀地缓缓吐出，有如慢慢吹掉桌上的灰尘。急吸缓呼则是在很短的时间内，通过口、鼻同时进气深吸到肺下部，将气息保持住后缓缓呼出，这种方法我们在实践中经常用到，为了不破坏语句的连贯和语意的完整，在字句之间不可能总是长时间停顿，往往采用“偷气”的办法，这就是急吸缓呼的作用。

三、讲究停连，控制节奏

停连是指停顿与连接，它是语言表达的一种技巧，其最主要的作用是使语义更加清楚。教师在运用这种技巧时，必须首先深刻理解整体授课内容，恰到好处的停连能使语言表达如白居易笔下的琵琶曲——“嘈嘈切切错杂弹，大珠小珠落玉盘”，分解时是一颗颗璀璨的明珠，串起来是一条浑然一体的精美项链。

在授课过程中，关键节点的停顿有如书画中的计白当黑，让听者在短暂的空寂中生发丰富的想象。停顿时间的长和短，停前声音的起与落，都会展现出不同的效果。在方式上，停顿分为落停和扬停：落停一般用在一个完整的意思讲完之后，临到句尾，顺势而落，停顿时间较长，声止意尽；扬停则用于一个意思还没有说完而中间又需要停顿之处，尾音稍扬起或平拉，以表示下面还有话，停顿时间较短，声止意未尽。连接方式主要依据语流的缓急曲直来定，或顺势连带一气呵成，或连环绵延曲折向前，这些需要在实践中慢慢体会。

众所周知，声音只有抑扬顿挫、轻重缓急才能入耳动听，这就是我们所说的节奏，它是整个教学作品的声音形式，而不仅是一个句子、一个段落的声音形式。语言的节奏由一根主线支撑，随着语音和气息的循环往复，如同波浪一般向前涌动，传播出去，声音、气息、节奏形成不可分割的整体结构。教师的授课节奏通常有轻快和舒缓两种类型。在节奏上，善于运用方法至关重要，最常用的是欲抑先扬、欲扬先抑（欲快先慢与欲慢先快等而同之）、对比鲜明、张弛有度。具体而言，就是要想让后一部分突出，就要让前一部分削弱，在音调的高低强弱、声音的长短等方面产生对比，平常讲述轻松带过，重点部分大胆抒发，这样的节奏会使教者魅力四射，学习者受益良多。

为了有效延长职业生涯，教师在科学用声的基础上要重视养护嗓子，注意劳逸结合，保证充足的休息，同时要节制烟酒、忌咸辣和过冷烫食物的摄入；如果长时间讲话，可以预先用淡盐水漱口，以保持咽喉的清洁和滋润；如果出现咽喉肿痛、声带充血、声音沙哑或发声困难的现象，最好暂时噤声，以使其自然恢复，严重时要及时就医。

第四节　得体大方的体态语言

“体态语言”是美国宾夕法尼亚大学的伯德惠斯特尔教授提出的概念。他指出，人的表情、身姿、态势传达着一定的信息，它是辅助有声语言进行有效交际的重要手段。“体态语言”包括表情、眼神、手势及人体各部位在传情达意时的姿态动作。体态语言利用视觉补偿作用，能够拓宽信息传递的渠道。在人际交往中，语言传达的信息只是一小部分，而非语言因素传达的信息则往往占很大比重。优美的体态语言可以产生“磁力效应”，具有审美价值。艾伯特·梅拉宾在进行了一系列的实验研究之后，在1968年提出了一个公式：

交流的总效果=7%的语言+38%的音调+55%的人体动作、面部表情

伯德惠斯特尔教授也得出了类似的统计结果：人在面对面交流中，有声部分占交际信号比例低于35%，而65%的交际信号是无声的。

教师的体态语言在教学生活中有着十分重要的意义，在课堂上的一举一动、一颦一笑无不影响着学习者的心灵和情感。关注、研究、提升教师体

态语言的素养应是教师专业成长的重要环节。心理学家佩维奥强调在信息的存储、加工与提取中“语言与非语言的信息加工过程是同样重要的”。法国雕塑家罗丹说“只要注意一个人的脸，就能了解一个人的灵魂”。教师的工作从本质上说也是与学习者之间的一种审美对话，用亲切激励的目光来启发学习者，这种目光犹如温柔的手，能够拂去学习者心头的阴云，使学习者思维的天地开阔明亮。得体而富有表现力的体态语言，能增强信任感，帮助学习者更好地理解自己所要表达的内容，也带给学习者一种美的享受。在经年累月的教育生活中，每一位教师都会形成自己独特的身体动作风格，要尽可能地让这种习惯性的身体动作文质彬彬、优雅从容。

一般来说，在体育、舞蹈等技巧性或艺术性科目的教学中，体态语言的使用频率最高。在这类科目的教学中主要靠教师运用体态语言进行示范，以供学习者模仿、学习，口头语言有时仅起提示、说明作用，而这类体态语言已形成固定的模式，有专门的含义，又常被称为“非词汇性语言”；语文、德育等文科类课程所使用的体态语言多用来模拟形象、再现情境、演示情节；数学、物理、化学等理科类课程所使用的体态语言有较突出的说明色彩，以展示原理、说明事物为主，其主要作用是化抽象为形象、化概括为具体，为学习者理解枯燥的知识铺路搭桥。

教师的体态语言可以分为符号性体态语言、说明性体态语言、表露性体态语言、调节性体态语言和习惯性体态语言。教师在课堂有限的时空里通过体态语言扩大并传递丰富的信息，有些肢体语言已经固定地带有符号的意义，比如微笑着点头表示赞同学生对答案的解释。而当教师讲解案例时用手指点板书就属于说明性体态语言，起到强调和引起注意的作用。同时综合使用各类有感染力的体态语言可使知识点更便于学习者理解和记忆并活跃课堂气氛。运用好表露性体态语言和调节性体态语言，有助于教师树立生动的形象。此外，教师在教育教学活动中出现的，与教育教学的具体内容无直接关系的习惯性体态语言应该尽量避免。

体态语言忌多而杂乱。杂乱与多常常是联系在一起的，目的模糊而缺少逻辑序列的手势对学习者的学习会产生干扰。与学习者交谈时避免双手背于身后，而抱起双臂的动作属于客观封闭性的消极的体态语言。大多数教师在备课时都能结合课程内容确定自己的体态语言基调，并对一些重要的体态预先进行设计或练习，这种准备保证了课堂教学中手势与表情的最佳结合，是一个教师驾驭教学走向成熟的表现。积极的体态语言能够支持或修饰口头讲授、强化授课效果、提高教学效率，能够独立表达有关教学内容，有助于学习者理解知识的疑点、难点，能够激起学习者的学习兴趣与热情。教师在教学中应尽量选择积极的体态语言，避免无意义的消极的体态语言，以保证用最集中、最精简的非语言行为，承载最丰富的信息量，发挥最优化的表达传播功能。

在拍摄MOOC教学影片时教师的体态语言要根据学习者的年龄特点进行相应的调整，要尽力还原日常教学本身。艺术的加工和处理要有度的把握，学习者是在收看课程而非在观摩戏剧或影视剧。因此，一个略有瑕疵的教师的社会展演要比一个完美的展演更引人注目。传播学中受众收视效果研究表明：一个完美、全能的权威形象会导致受众的注意力松懈，受众总会被影片中人物身上的矛盾和独特处所吸引。此外，每个人都有独特的性格特质，也都有弱点，教师也不例外。所以教师在拍摄MOOC教学影片时要以放松的心态自然呈现，以便找到最好的授课状态。

第五节　缓解紧张　游刃有余

一般情况下，教师在准备录制课程的时候多少会有一点害怕摄像机，这被称为“间离感”。因此需要制作团队与教师协同努力，尽快消除这种“间离感”。这有赖于导演与教师之间的沟通，同时教师要有充分的自信将多年来的教学经验和临场感觉通过小技巧找到“镜头感”，此时不妨试着用以下几个步骤来缓解压力。

一、口播呼号，妙用多

MOOC教学影片中的教师授课语言有别于其他影视作品中的角色台词。它是一种实用性功能很强、即兴成分很高、灵活性很强的口语表达，因此不应该太过僵硬、刻板、程式化。然而一个MOOC教学影片一般由几十个课时的教学视频段落所组成。作为系列课程，为了使学习者收看和学习时有更清晰的印象，教师可以设计一段由两三句话组成的简短的开场白，形式类似新闻节目中主播的“口播呼号”，呼号的内容包括课程名称、授课教师、所在学校、章节。在每节课开始的几十秒钟，教师以较快的语速将一连串的信息流利地播讲出来，因为内容熟悉，自然语言流畅，朗朗上口。这个办法能有效地保证教师一出场就从语言表达上找到极佳的感觉，有一个精彩的亮相。

二、目光集中，神不散

在MOOC教学影片摄制现场，通常有多台摄像机参与拍摄。教师应该主动提前进入拍摄场地熟悉环境，最重要的是教师需要积极配合导演完成预演走位工作，并向导演请教所有机位上的摄像机的分工任务。在拍摄过程中教师的视线焦点可以更多地放在负责拍摄教师台词镜头的摄像机寻像器的边框处，具体目光的落点与导演经过实地走位后确定，同时教师可与导演达成默契，设计几个彼此都明白的手势，让导演能在摄像机后面调度教师目光运动的落点。眼睛是心灵的窗户，教师的目光集中在合理的位置上，整个人的精气神凝聚在一起，有助于树立权威的形象。

三、把握语义，速度匀

教师在产生紧张情绪之后的最大的反应就是语言“卡壳”“吃螺丝”。这是即兴口语表达中经常出现的问题，教师要摆脱语流失畅的困扰，处理方案如下：

1. 稳定情绪

说话前使自己处于放松的状态，转移“兴奋灶”，调节心绪。人的心理也决定着语言表达的流畅度，坦率真诚、心理稳定是语言流畅的前提。

2. 逐步放松

登台前，能否成功，情绪调节很关键。可以缓缓地吸气，憋气数秒，再慢慢吐出来，深呼吸时别的什么都不去想。把握话语的中心语意，确立话语讲述的定向意义、依存意义、侧重意义。

3. 运用“精神胜利法”

多想想自己曾经获得的成功，想想自己的优势，不妨自我肯定一番。在“我不比你们差”的心理定式形成后，可以暂时“蔑视”台下的人，甚至将他们看作“一无所知”的人。

4. 一心一意投入讲述

语流失畅的根源是缺乏自信，“间离感”是缺乏自信的表现，不要把自己归类于不善言辞的人；不要太过在乎准备得不够充分，对环境不熟悉、不适应；不要期望值过高或担心失败。登上讲台的那一刻，切莫想什么“轰动效应”之类，想到的应是大局已定，现在“万念俱空”，只有围绕主题投入即兴讲述，有效控制，才有流畅的表达。

5. 超前处置、机变处置

如果出现口误或讲错了依据，切莫产生情绪波动。讲错一句并非“满盘皆输”，迅速做一次性更正，无须不断致歉。如果预感要“卡壳”，可以超前减速，插入几句相关之语，力争绕过“暗礁”，也可以冻结“忘点”，小跨度超越，想起来后再作“补证”。如果脑子里记忆信号完全乱了，就要当机立断，丢掉原来的框架，减慢语速，调整呼吸，重新组织表达，随即围绕这一段落中心意思放缓语言节奏，再次投入即兴讲述。

更为有效的经验是，教师可以在休息室等安静的场所围绕一个话题，在心里想一会儿，打个“腹稿”，然后自言自语地说出来。要说得连贯、完整、条理清楚。具体地说，先用“自言自语”疏通语流，再用稍慢的语速疏通语流，最后用“放胆畅言”的方式疏通语流。

第六节　主创沟通　团队协作

在传统的课堂教学中，教师具有一定的教学自由，所教的内容很多是自己的研究兴趣和专长，并不完全根据学生的需要。而在MOOC中，教师授课就不可能像传统灌输式的讲学方式那样大多是个人的行为，把自己的专长发挥出来就行，而必须把课程讲活起来，吸引众多学习者。而且，教师的教学从个体行为转变为团队行为，需要与很多人配合，同时也意味着很多人都能对教师、课程和教学施加影响。教师也不能仅专注于讲授的内容，而必须全面考虑教学内容的呈现和传授方式。未来的教学行为将很多是“翻转式课堂”的形式，教师要会表演，能像明星一样抓住学习者，这是职业的需要，是社会表演学和人类表演学的范畴，有责任感的教师要完成好这一任务。

要达到预期的目标，教师除了在前期筹备阶段做好教学设计等准备工作外，和MOOC教学影片制作团队的专业技术人员的沟通也至关重要。教师对MOOC教学影片制作有许多期待和设想，希望在教学影片中得以实现，有些通过制作团队合应该实现，有些不能达成或费力达成也未必效果很好的设想经过讨论应该果断放弃，避免走弯路。因此，在这些环节中，教师要懂得把握取舍的度，同时和导演沟通，保持良性互动。要相信这个团队中的所有人都希望MOOC教学影片最终得到好的效果，与团队成员要建立信任的关系。

此外，在课前的准备过程中，教师一定要细心地完成一个任务，那就是将教案、教学笔记转化为一个标注时间点的“课程脚本”或“课程菜单”。这是MOOC教学影片导演、摄像、剪辑等多工种专业技术人员的操作蓝本，教师只有将这个工作文件清楚地制作好，才能将最初的教师设计理念原汁原味地贯穿在各个工作流程环节之中。同时各工种专业技术人员也会明确教师的意图，尽量利用专业所长为影片加分。“课程脚本”或“课程菜单”

（具体内容可见下一章）其实并没有想象中的那么复杂。有了这个详细的“课程菜单”，在课程拍摄前教师对时间的把握就可以基本做到心中有数，虽然不必精确到分、秒，但是这样的一张“课程菜单”却成为整个MOOC教学影片制作团队工作的蓝本、团队协作的基础，顺利的沟通、完美的配合从此开始。

除此之外，在MOOC教学影片拍摄过程中，主讲教师实际充当了导演的部分角色，因为在授课环节中的所有场面调度都是在教师的引导下完成的。现场的学习者不是群众演员，他们有完整接受课程信息的权利，在授课过程中除非发生器材故障无法拍摄等原因，MOOC教学影片的导演尽量不要在课程中途叫停。当然，教师的授课进程、活动区域路线、与学习者交流互动的方式方法都要照顾到拍摄团队是否便于操作，因此课程开拍前的教师走位预演环节必不可少，在这个环节中暴露出来的问题，MOOC教学影片摄制团队要和教师及时沟通、妥善解决。

第七节　积极营造网络学习环境

所谓网络学习，就是指通过计算机网络进行的一种学习活动，它主要采用自主学习和协作学习的方式进行。相对于传统学习活动而言，网络学习有以下三个特征：一是共享丰富的网络化学习资源；二是以个体的自主学习和协作学习为主要形式；三是突破了传统学习的时空限制。教师为学习者营造网络学习环境，使交互活动成为非常有效的网络学习手段，同时也使网络教学质量得到保证，此外对学习者创新能力的培养和高级认知能力的发展也发挥着不可低估的作用。

一、基于网络学习环境的教学

在数字化学习和移动学习发展的时代，基于网络学习环境的教学将呈现以下几种趋势。

1. 教学地点被整合

移动学习运用无缝连接技术已经越来越普遍。一个很好的例子是在博物馆利用这项技术，游客可以使用移动设备，听取在博物馆的收藏品介绍。美国纽约的自然历史博物馆用移动技术来引导参观者并使参观者欣赏艺术品。当然，移动技术不仅可以在博物馆，一些大学也使用它为学生或家长提供虚拟校园参观服务。随着智能手机用户数目的增加，这一趋势会越来越明显。

2. 教学管理规范高效

近年来网络课程管理平台例如Moodle 和Blackboard拥有大量的使用者。这样的管理平台的流行，起因于学习者能从电脑甚至移动设备例如智能手机或平板电脑进入此平台。学习者、教师和家长能轻松地查询课程安排、上传与下载作业和检查作业，能更方便地参与教育过程。

3. 电子教材针对性强

无论是MOOC，还是微课程，大部分在线课程都包括详尽的课程大纲、阅读材料、课程讲义、作业、考试以及相应的答案。这些课程甚至包括交互式的视频和教师编制的教材。有的课程材料公布在网上，开放课件帮助有需要的教师改进他们的课程质量，提升教学效果。而对于学生而言，他们不会迷失在众多的课外学习资料当中。

4. 云端技术性能可靠

随着云技术的兴起与推广，教育领域也不能忽略此项热门技术。云端科技是一个成本低的新技术，因为它使用简单，性能卓越且安全可靠。只要是储存在云端上，使用者可从任何地方、任何时间用任何移动设备获取资料。

5. 线上学习社区合作化

在 Facebook创立初期，它的功能仅是让学习者彼此连接。每个学习者都可以方便地在网络上参与学习项目并且在线上互动，这使得线上合作学习模式快速成长，有利于学习者学习、开展团队合作，还能让学习者学习到未来在学术领域或职场上实用的科学技术。许多教授开始使用社群媒体作为一种连接学习者、引发讨论和传递信息的重要媒介。利用各种各样的个人终端，学习者们进入社群网站，能实时地分享和沟通信息。

二、MOOC 教学中如何营造网络学习环境

MOOC超越了时间和空间的限制，将几乎所有的教育资源集中在云端，让那些有意愿的学习者，在技术条件允许的前提下可以随时随地学习，它可以适合学习者的学习情境，促进知识建构。研究MOOC的教育学家将课程教学影片、嵌入式课程考试测评、师生互动，称为MOOC的三大组成部分。基于这三大组成部分，课程团队努力为学习者们营造一个立体的网络学习环境。

1. 调整课程时长，便于网络传输，方便收视与复习

每节课时长为2个小时的课程视频，被有意识地分解为若干个时长为8～15分钟的知识模块，其中嵌入式地穿插了小测验。从认知心理学的角度来看，这种安排是符合学习者需求的。学习者可以根据自身收视的效果掌握学习的速度和进程，而在应对嵌入式小测验的时候可以自主地回溯学习内容，这种方式可以提高学习质量。

2. 嵌入随堂考试测评，增强参与度，克服网络学习惰性

教师们设计了嵌入式课程考试测评，这让学习者积极参与到学习当中，促使学习者保持精神高度集中。同时鼓励学习者回顾知识，检测理解程度，克服网络虚拟化所造成的学习惰性。教师可以采取机器打分和同伴评估两种做法评阅试卷，这种方式增强了师生之间线上线下的互动性，极大地鼓励了学习者们相互交流和沟通的积极性。

3. 提高社交功能，增进师生交流，随时答疑解惑

从“学”的视角看，MOOC强调创建一个集合很多人的长处和优点的、精彩的学习社区。课程团队为了使这个社区的活跃度和教学交流的反馈速度加快，在课后的时间依然投入大量的经历，使得讨论区富有生气。同一门课

程的选课者可以通过网络社交平台积极参与到热烈的讨论中。而MOOC的群体互动首次实现了将学习的本质、学习过程、学习动机、学习策略等学习科学的基本规律运用到教学当中，从而大大增强了积极学习体验和提升了学习质量。而结合“翻转式课堂”教学模式，教学环节通过学习者自行观看网络视频进行，课堂中主要进行讨论和实际动手操作。因材施教个性化学习因为MOOC的出现成为可能。

MOOC强调学习的主动建构性、社会互动性和情境性，重视学习共同体与合作学习。随着教育云的诞生和更小、更方便携带的小型电脑以及其他具有网络功能的设备的出现，利用碎片时间进行移动学习渐渐流行，学习者需要在一个由教师积极营造的网络学习环境中更好地掌握、建构、内化知识，这将是MOOC学习者顺利完成课程学习的有效保证。

第六章

MOOC 导演工作手册

在这一章中，我们来了解 MOOC 教学影片导演的工作职责。在影像的世界中，决定影片的风格、品位、质量水平，带领团队完成拍摄任务、总揽全局的就是导演，他是一部影片的灵魂。而 MOOC 教学影片的导演在尽职尽责地完成以上工作的基础上，还应该尽早和主讲教师进行深度沟通，积极参与到教案编写和教学设计环节中，以导演的视角把握住课程核心，控制课程节奏，优化授课方案，将拍摄督导、艺术加工与课程可听性、可视性、可学性紧密地结合在一起，发挥编导策划能力和场面调度能力，熟练掌握视听语言和拍摄、剪辑技巧，在准备阶段就制订出详细周密的计划，以确保 MOOC 教学影片制作全流程得以顺利推进。

第一节　沟通教师　了解教学

课程摄制需要导演。即使经费和时间再紧张，MOOC教学影片制作团队人数再精简，导演也不能被忽略掉，这就是MOOC教学影片制作与传统电视教学片“一镜到底”拍摄方式的区别所在。而且导演还需要把与主讲教师首度会面的时间尽可能地提前，与主讲教师积极沟通。这绝对不是外行插手教学，因为主讲教师往往不是专业演艺人员（表演类课程教师除外），他们对课程设计的想法很多，对影片的期待值很高，却往往不知道怎么表现才更到位，他们太需要导演的帮助，却又囿于缺少影视专业知识，不知怎么表达需求，所以MOOC教学影片的导演和主讲教师的交流要在教学设计准备阶段就开始，以便尽早地建立起相互信任与默契的合作关系。

导演在初次与教师会面时就要从了解课程基本情况入手，它们包括：

（1）学科门类及所属的一级学科、二级学科；

（2）属于必修或是选修课程；

（3）属于理论课程或是实践课程；

（4）课时总数、单节课时长、教学进度；

（5）课程特色及创新点；

（6）需要使用的多媒体教学方式；

（7）所需的线上和线下师生交流方式；

（8）教师在拍摄过程中需要哪些帮助。

从确定某一课程需要制作MOOC教学影片的准备阶段起，导演有责任与教师共同预先熟悉教学场地。虽然没有一位教师愿意承认自己是演员，但是当教师面对镜头向学习者们传播知识时，就已经属于人类表演学的范畴了。如果导演能够与教师心意相通，MOOC教学影片制作团队就会有出色的表现，为影片加分。通过课程教学设计阶段的有效磨合，导演已经对教师的性格特征、教学风格、语言特质有了一定程度的了解，好导演要学会照顾好“主角”。导演要提示教师在拍摄前一晚充分休息，避免过量饮水可能导致的面目浮肿，根据课程周期和教学进度制订周密的拍摄工期表，与师生商讨合理的课间休息时间，妥善组织好摄制团队人员，督促器材准时就位，不要让师生为此等候。

对MOOC主讲教师进行调整、调度是导演的职责之一。导演要帮助主讲老师消除“间离感”。导演不妨试着用以下几个步骤来缓解一下他们的压力：

一、帮助教师梳理影片进程结构

导演为教师设计一段两三句话的简短的开场白。包括课程名称、授课教师、所在学校、章节。导演在课程结尾处也可以要求教师有2分钟左右的结语，并对下一节的课程内容进行简要介绍。

二、帮助教师熟悉拍摄现场环境

在MOOC教学影片的拍摄现场，导演要向教师清晰地介绍所有机位的用途。在拍摄过程中导演要预先告知教师在教学过程中视线的焦点放在哪个位置上更合适。导演和教师要达成默契，可以设计几个彼此明白的手势，在拍摄过程中在摄像机后面调度教师目光运动的落点，以便让教师在镜头前找到感觉。

三、集结制作团队人员完成走位工作

走位，是指导演与教师以及摄像指导、录音师或道具设计师等快速地过一遍镜头。在每节课录制之前都需要走位，这是为了发现教师动作和镜头调度是否合拍，并暴露潜在的各种问题。走位不仅仅是教师的事情，摄制组要提前确定教师授课时的行走区域，确保摄像机不失焦；导演要控制教师预排的次数，通常情况下教师预排的次数越少，拍摄效果越好。因为布景一般都不会在前期完成，所以最初的排练和走位总是在其他地方进行的。这时的排练主要致力于教师的表现、声音、体态设计。当布景制作好后，要开始排练走位和动作，确定教师和摄像机更精确的运动。当导演确定所有的教具都已经准备好了，再做一次定妆彩排，这无疑是导演检查所有工作是否都准备好了的最好的方法。

在一切准备就绪后，教师就应在导演的帮助下自信满满地、全身心地投入课程讲授了，至于镜头前的呈现效果已经无暇顾及了。这时导演就要开始负责“讲述故事”了。

第二节　影片整体风格定位

在投身于MOOC教学影片制作之前，你是否已经有过导演的从业经历了？虽然有多种类型的导演风格，但绝大多数的导演还是可以被归为两种类型。其一是“技术控”，这些导演迷恋于摄像器材功能并全情投入影片制作的技术上，他们会仔细设计镜头，全神贯注地盯着监视器，但常常会忽略与演员的沟通，影片叙事性在技术的光环下黯然失色。其二是“故事控”，这些导演擅长营造情感世界，会指导出令人兴奋的表演，而影视制作的技术依赖摄像团队，“故事控”的导演发出不恰当的指令令人感觉无法执行。作为MOOC教学影片的导演你需要对课程影片进行整体定位。

一、资金、人力集约型的影片制作定位

MOOC教学影片制作有别于电影、电视剧的制作，与文化类电视栏目的制作相类似，但也存在较大差异。首先在经费预算上，MOOC教学影片通常情况下属于低成本制作，制作团队人员身兼数职，拍摄器材租用需要压缩成本，在协助主讲教师完成好教学任务的同时，要兼顾网络多媒体环境下成长起来的学习者的需求，教学视频要生动、真实，兼顾多样性、统一性。其次在运行流程上，MOOC教学影片制作“麻雀虽小，五脏俱全”，看则容易实则艰难，在策划和管理水平上甚至比一般影视导演的要求还要高。拍摄前导演要制订出周密的拍摄计划，对课程大纲、章节教案、多媒体课件和知识点有理解、有认识，应指导教师适应镜前表现，用专业的眼光帮助优化教学展示过程，关注现场学习者的反应，在拍摄过程中调动现场师生的积极

性，从而在营造的常态化教学环境中制作出引人入胜的高水平的MOOC教学影片。

二、课程时长掌控严格的影片结构定位

MOOC教学影片的课程设计从严谨的时间管控开始。时至今日，还没有某个人或某个机构特意为MOOC教学影片单节课的时间长度制定出标准。但这并不意味着就不存在规范。对于系列课程而言，每节课的时间需要严格地规划和统一，这对于教师单节课的进度设计、拍摄与剪辑、网络传输、学习者收视都有好处。这里以单节课时长10分钟为例，MOOC教学影片的导演需要向教师反复强调时间掌控的概念：一节课共计涉及几个知识点，如果是理论课，每个知识点讲述的时间分别是多少（根据难易程度有所不同）；如果是实践课，操作或演示需要在拍摄前模拟一次以预测时间；如果需要引入教学片素材，播放时长段落要精确计算到秒，从而保证连贯地完成整堂课的教学任务。导演要提示教师在课程讲述全程注意起、承、转、合的设计，使课程结构更具完整性、系统性。导演基于对观众收看习惯的了解，提示教师在知识点的连接处设计有效停顿或能重新凝聚注意力的话题，张弛有度地控制课程节奏，掌握好时间。

MOOC教学影片“起、承、转、合”的结构就好像黄金分割率，把一节课的讲授过程分成四个段落，符合观众的收看习惯，有益于学习者对知识的学习和掌握（图6-1）。“起”是课程的开端部分，要直白明确，开门见山，让学习者知道这节课的核心概念是什么；“承”是课程的重点部分，要有吸引力，让学习者有期待感，层层递进、释疑解惑；“转”是课程的高潮部分，要激活创造性思维、引发讨论；“合”是课程的收尾，是整理结论、系统回顾的部分。经验丰富的教师会很好地掌控“起、承、转、合”的节奏，思路清晰、语言流畅，时时注意现场学习者的反应，及时调整讲述方式。

三、与日常教学环境匹配的影片风格定位

MOOC教学影片的制作目的是服务于教学，不追求脱离实际的奇幻的

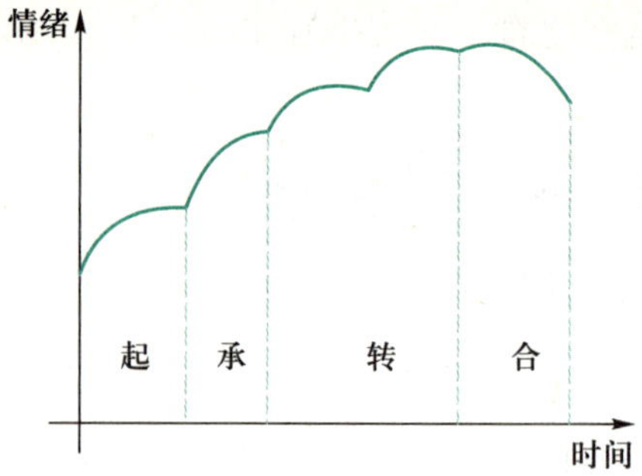

图 6-1 “起、承、转、合”结构图

视觉特效，要朴素而充满生机。在本书的第三章“六种教学场景影像构建法则和三类教学情境影像构建法则”当中充分介绍了在低成本制作的现实条件下，营造影像风格、提升影片水准的方法。影像风格的定位，需要在导演的指导下由摄像、照明、剪辑等多工种通力配合完成。实践证明，有统一的影像风格定位的课程教学影片，可以让小成本制作焕发出独特魅力。

MOOC教学影片的导演需要和摄像师商量决定影片的“调性”。影片通常分三组调性，包括颜色属性（画面的色彩效果）、高低调性（画面的明暗效果）、软硬调性（画面的反差效果），在这三组调性中，通常会选择其一作为主要方案，进行组合搭配。通常一个完整的影片会选择统一的拍摄调性贯穿始终，也可用不同“调性”来表达不同的时空背景和情境，但对于MOOC教学影片制作而言，最好先了解注册学习者的背景信息。学习的情境可以营造出明媚、清新的风格，如清晨般的影调是最适合学习者输入知识的。

第三节　影片课程菜单制作

在MOOC教学过程中教案的撰写完全依赖教师完成，那么已经有了教案这一文本是不是就可以直接拿来当作剧本用呢？既然教师已经担任了“编剧”的工作任务，导演只要执行就是了，还需要做分镜头脚本吗？事实证明，高质量的MOOC教学影片制作，还是需要教师和导演共同协作，按照工作流程，以教案为依托，制作出一个专门用于拍摄的工作文本，叫它“课程脚本”也好，叫它“课程菜单”也罢，总之它的存在是必需的。

上文强调过，MOOC一节课的教学过程需要有“起、承、转、合”的段落设计，以适应学习者学习的需求，更好地调动他们的学习积极性。在各个段落中教学内容由主讲教师来填充并丰满，但段落之间的转场需要导演设计，以便将学习者的注意力引向下一个知识点，这需要导演给教师出谋划策，在讨论过程中将教师撰写的教案文本整理成为所谓的“剧本”文体，去掉文学性，变成“课程”样式的工作文件。

例如：MOOC“中国诗书画印之思维解码”第五章第二节“印中乾坤”，课程菜单如图6-2所示，单节课时长15分钟，教师按照时间进程和逻辑进程分别标明导言、知识点的数量、拍摄顺序、插播教学资料短片（VCR）的长度与PPT的页码、提问与互动内容、总结语。

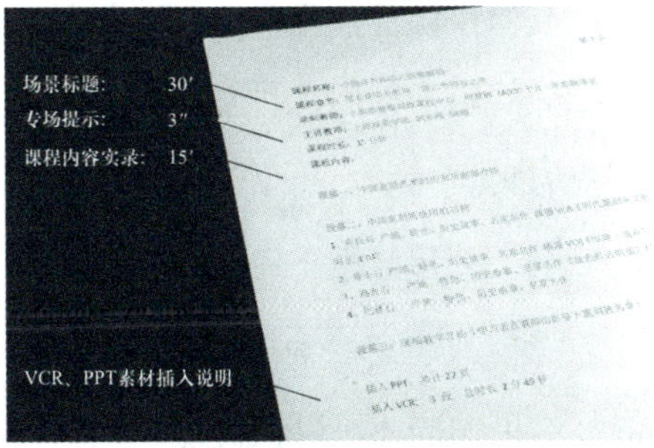

图6-2 “中国诗书画印之四维解码”的课程菜单

作为MOOC教学影片的导演，需要具备消化教案、优化脚本的能力，导演可以根据下面SCORE 最佳课程案例的结构化方法，进一步对课程内容进行二度梳理，以提高课程质量。这些环节做与不做，影片效果就会差很多。MOOC教学影片有自身的拍摄以及制作规律，在授课环节中尽量不要打断教师的发挥；教师要自己把控时间，引导课程的起、承、转、合，在这一环节中导演和教师所承担的工作是有重叠和交叉的。那么，MOOC教学影片的导演应该更多地融入课程内容之中，与教师携手共进。

SCORE最佳课程案例的结构化方法如下。

一、S 是背景（Situation）

MOOC教学影片的课程叙事都有一个基本的背景。任何知识理念、方法或工具都有适应的范围，背景就是要描述这些范围，描述背景也是为故事中隐含的道理埋下伏笔。教师介绍背景的时候学习者会在自己的大脑里建构类似的情境，所以背景描述应力求全面而简洁。全面是指相关信息都要交代到位，简洁就是要用尽可能简短的描述，以便学习者建构情境。

二、C 是冲突（Confliction）

想营造好的课程情境，一定要把学习者带到某种认知冲突之中。没有冲突的平铺直叙不会对学习者旧有的信念系统形成冲击，冲突的目的就是让学习者产生认知的不和谐。通常在冲突的描述上可以细腻、感性。

三、O 是可能的选项（Option）

凡事都有三个以上的解决方案，所以在特定的背景和冲突下，学习者可以有很多选择，当然不作为也是一种选择。教师和导演在课程菜单中可预设相关问题并拟出几种解决方案，并在教学过程中根据实际情境调用最佳的解决方案。

四、R 是结果（Result）

课程叙事总会有一个结局，结局是选择和努力共同作用的结果。当然最终结果的描述可以很感性，因为课程叙事需要结果来强化选择的重要性和价值观的重要性。

五、E 是评价（Evaluation）

即对整个故事进行评价，总结出故事背后所隐含的道理。当然在授课中，这一步通常由学习者自己来挖掘，但教师备课不能没有底牌，评价要紧扣主题，与单元内的知识点相互呼应。

作为导演需要掌握一些叙事学的知识，作为MOOC教学影片的导演更需要在熟悉课程内容的基础上帮助教师建立课程叙事的概念，可以不用长篇大论地和教师讨论叙事学的理论，只要为他们提供方案以增强MOOC教学影片的可传播性和可视性、可听性就好。导演要尽力做到结构框架完整，理论讲解明确，实践操作易于学习模仿，总结回顾时脉络清晰，印象深刻。

那么MOOC教学影片是否一定需要故事板？课程视频作为一种时间线性的记录，需要故事板吗？答案是有备无患。即便你是成竹在胸的资深导演，也需要有个台本，因为制作团队中的各部门需要“有本可依”。故事分镜头台本是影像表现和音响处理的计划书，是指导表演的计划书，是对摄像师及其他工作人员依事工作的指令，是明确的意象和导演意图的视觉图，依此才能推进各个部门的顺利工作。

第四节　影片导演工作流程

教学影片的制作只是MOOC的一个部分，作为教学影片的导演，可以参照图6-3中的工作流程工作。

一旦投入MOOC教学影片的拍摄，导演必须果断地取舍超出控制能力范围的计划，与制片人及制片主任紧密配合，有效地监督场地、布景、服装和道具的准备工作。导演应该用拍摄工期表指导工作，不能让进度落后太多，否则当拍摄完之后会发现剧本上有很多还没拍。那么在导演的工作流程中什么是优先的呢？虽然有制片人，但是导演也要考虑制作成本和预算，这是要信守的基础。另外MOOC教学影片拍摄与制作不要将时间浪费在创造华丽的镜头上。学习者期待的是精彩的课程内容。显然，高质量的MOOC教学影片也不能等同于一部电影，很多新导演会过于追求细节和艺术品质而耽误了整个拍摄计划。要注意完整性和艺术性相比优先。

MOOC教学影片的拍摄有别于其他种类的影片拍摄，它以纪实式的时间线性叙事为主。在教学场地中，教师和学习者同样具有表演的色彩，但

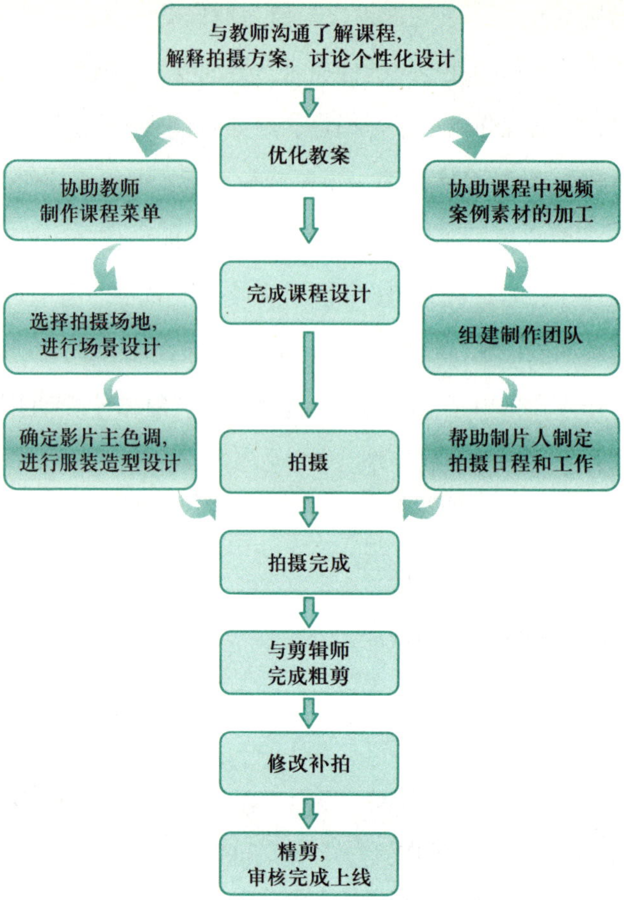

图 6-3　MOOC 教学影片导演工作流程

是整个影片的风格还要尽量还原现实本身，一些艺术加工和处理也应该尽量不露痕迹，让学习者将注意力聚焦于课程内容本身而不是本末倒置，因此MOOC教学影片的导演对现场的学习者也需要进行调度和调整，尽可能地让他们在自然和舒适的状态下听课、交流或进行师生互动。

为更好地配合拍摄，导演对现场的学习者可以提出以下几点要求：

（1）准时在现场就位，将移动通信设备切换到静音模式；

（2）服饰、发型自然、简洁，穿戴整齐，脱帽；

（3）桌面上的物品清理干净，不必要的物品或反光物暂时存放在课桌内；

（4）中途需要离场，选择合适的通道位置，避免从摄像机前横穿。

拍摄前期，一切周密的准备工作都是值得的，井井有条的现场秩序无疑会提高导演的工作效率。但导演往往也要面对补拍或重拍的问题，这时要明确重拍的理由：

（1）教学环节中出现错误信息或严重的遗漏；

（2）教师觉得效果不理想；

（3）声音与画面出现严重的质量问题。

导演要分清哪些真的要重拍，哪些不用。经验告诉你，不用那么较真。比如教师在课程教学中出现的啰嗦不清的问题，或由于现场师生互动导致的拖沓问题，在不影响知识体系完整性和逻辑性的前提下，可以通过后期剪辑来解决。有些补拍镜头是要插到原来已有的画面中使用的，这时要特别注意一下道具和场景的设置，避免明显的穿帮。有经验的导演在首次拍摄时，当场景布置好后会拍一组工作照片，用以在补拍时复位道具，这个办法十分有效。在面对补拍和重拍时导演要学会纵览全局、学会取舍，而不是追求细枝末节。

所有伟大的导演都不是天生的，他们是通过经年累月的钻研、学习、考验、犯错开始的。一个好导演愿意从点滴做起，他会进修表演课，学习演员表演的方法，这些会使他成为一个有学识的导演；他会学习技术，包括摄像、照明、特效、剪辑，还有其他很多迅速更新的东西。那些始终保持与技术变革同步的导演会发现更多的表现手段。

如何利用好内容资源配合制片人做好商业运营十分关键。与他人合作需要勇气，导演要坚持自己的观点，如果遇到了激烈的反对意见，思考一下，也许是未能有效地传达自己的观点，要释放出自信和能力，但不要显露出不信任和傲慢，每个人都十分珍视自己的职业生涯。作为导演，不要担心接受其他人的意见和建议会使自己显得软弱。MOOC教学影片制作团队成员会尊敬一位胸襟开阔、坦诚接受意见和建议的导演，这也会使大家工作得更快乐、更努力。

第五节　影片制作团队构建

从“教”的视角看，传统的大学教学大部分是“单人表演”。然而，每一门MOOC是由一个分工明确的团队创造的。

MOOC教学影片制作团队主要从导演的角度围绕着制作视频的技术人员展开。MOOC教学影片制作较之影视作品、电视栏目来说属于低成本制作——预算有限，同时也有着服务于教育的特定要求，因此需要懂教学的集约精干的制作团队。那么MOOC教学影片制作团队包括哪些成员呢？这支队伍的核心成员是制片人、教师、导演、摄像师、灯光师、录音师、剪辑师等。

一、制片人

制片人是团队首脑，他负责将教师、导演、课程设计、拍摄脚本、资金、人力资源等整合起来，利用有限资源制订最佳方案。优秀的MOOC制片人应该具备以下特质：

（1）了解国家教育政策、院校师资力量、学科发展状况及学习者的需求；

（2）对课程选题、课程定位、师资选择有精准的把握；

（3）对教学全流程、在线平台运营流程全面了解；

（4）对影片制作的资金、时间、人员、质量效果能全面管理；

（5）对拓展发行渠道、课程反馈及质量提升负有责任。

好的制片人是颇具创造力的，他也许不知道拍摄细节如何“做”，但知道“做到这些需要什么以及为什么”。制片人掌握资金、把控制作周期、了解教师的需求、懂得导演的手法、体恤团队成员，关键时刻能够作出敏锐的判断，事无巨细却尽在掌握。MOOC教学影片的拍摄需要做好计划，同时也要应对变化。影片拍摄是一个非常复杂的过程，需要很详细的计划，包括拍摄通告单、镜头列表、实景勘察、排练，等等。这个过程如此复杂，以至于再周密的计划也无法保证万无一失。因此制片人要始终保持灵活性和应变性，准备好接受试验和错误，为教师、学习者和摄制团队中的其他同仁留出一些发挥的空间，把意外变成新的机会。

二、教师

MOOC对教育的改变主要在于打破了传统的教学结构，重新定义了教学过程中各个组成部分的功能。教师对教学设计、课程定位负责，同时要花大量精力制作详尽的课程菜单。在课程教学影片拍摄过程中，教师要积极地与导演建立信任关系，加强沟通，引导现场学习者配合教学，呈现出高水准的课程教学。

此外，教师与在线学习者通过MOOC平台答疑解惑，了解网站对课程数据的检测结果，关注教学质量反馈报告，从而在今后的教学中，不断优化课程，实现良性循环。

三、导演

导演是MOOC制作团队的创作领导。导演负责沟通教师、了解课程内容、管理制作团队；配合教师完善课程设计、执笔拍摄脚本、形成拍摄菜单；配合制片人，把握MOOC影片风格，负责与影片拍摄与制作有关的所有事宜。

四、摄像师与灯光师

执行导演指令，共同营造MOOC教学影片的风格；勘察场地，提出摄像和照明方案；在预算内合理配置并管理摄像、照明和周边器材；按进度高质量地完成拍摄任务；填写拍摄报告单；等等。

五、录音师

执行导演指令，共同营造MOOC教学影片的风格；勘察场地，提出录音方案；在预算内合理配置并管理录音及周边器材；按进度高质量地完成录音任务；填写拍摄报告单；等等。

六、剪辑师

在制作成本小的影片项目中剪辑师是后期制作总监，执行导演的指令，负责音视频剪辑工作，依照素材剪辑、合成影片并负责审查等。

MOOC教学影片往往属于低成本运作，因此制作团队会出现许多新面孔，如课程助教、学生志愿者等，他们此前可能对影视行业并不了解，但经过导演等各工种专业技术人员的指导，他们能胜任制片助理、场记、剧务等辅助和后勤服务工作，为教学影片制作贡献力量。

第七章

MOOC 服饰与化妆工作手册

MOOC 教学影片是声画结合的新媒体作品，学习者在收看课程的时候首先看到的就是教师的外在形象，进而对教师熟悉并产生信任。良好的第一印象会吸引学习者，从而深入地了解课程、建立良好的沟通关系，而不修边幅或极不得体的外在形象会引起学习者的反感。教师是学生的楷模，包括服饰、妆容等因素都影响着学生的思想和行动，所以，教师应该具备良好的职业形象。在这一章中，我们对教师的服装、化妆、造型提出一些指导意见，在没有专业造型师的情况下，每位 MOOC 主讲教师都可以通过我们的指导为自己打造一个大方得体的屏幕形象。

第一节　教师职业形象特点

举止得体、气质儒雅的教师会令学生敬慕、尊重，产生良好的效应。因此，教师职业形象的塑造应尽量追求大方得体的视觉效果。年长者宜确立持重、博学、慈爱的体态语言基调；青年教师宜确立有朝气、有活力的形象；男教师应展现阳刚之气，女教师应显露婉约之美。

一、教师职业特点中社会性与个性的统一

MOOC教学影片的主讲教师是通过新媒体来传播知识的，从而为广大学习者所关注、认识，因此其形象具有公众性，依附于公共社会生活，这是教师作为“社会人”的一面。教师应清楚地认识到自己形象的社会作用，为学习者树立典范，产生积极的效果。而每位教师又具有个性，不仅表现在外貌形态、语言表达、举止仪态等方面，还表现在思维方式和价值判断等方面。具有典型个性特征的教师更具真实性和感染力，更容易被人关注、记忆。

良好的教师形象，讲究社会性与个性的统一，既要有符合社会主流的意识，也要树立个人风格，正确处理好普遍与特殊之间的关系。

二、教师的职业特点中稳定性与相对性的统一

教师形象是一个复杂的综合形象，会受到个人条件、课程风格、传播技术、社会习惯的制约，呈现出稳定性和相对性的统一。

从个人条件上来看，每个人的外貌、体型、谈吐、仪态乃至性格特征，一般不会在短时间之内有明显的变化，具有一定的稳定性。这些相对稳定的个人特征通过日积月累便会形成教师的个人风格。另外，教师是课程的一部分，其形象应该与课程风格吻合。课程内容不变，教师的形象也应相对稳定。考虑到学习者的需求，一些课程选择了实践操作、参观走访、互动对话等形式授课，教师形象就必须相应地调整，所以稳定性又是相对的。此外，传播技术的进步和社会习惯的变化，也会对教师的形象提出新的要求。

总之，良好的教师形象讲究稳定性与相对性的统一，既要有稳定的风格，又要灵活地调整，不能脱离课程、脱离时代。MOOC教学影片的主讲教师职业形象的造型要符合课程风格，依据个人特点，造型要素协调统一，不能过于另类。

第二节　日常保养方案

教师由于频繁地接触粉笔粉尘，面部皮肤很容易出现毛孔阻塞、敏感、泛红、斑痘、脱水、疲劳的状态，日常保养很重要。以下是专业化妆顾问为教师们提出的保养方案，目的是加强日常保养，美化容颜。

（1）使用粉笔后用抗敏的温泉喷雾和棉片及时清洁掉浮在脸上的粉尘。

（2）避免使用含酒精、香料、防腐剂的产品。坚持使用隔离霜、防晒霜，隔离霜会帮助隔离掉一些有害粉尘。

（3）每晚彻底卸妆，即使没有化彩妆也要使用卸妆产品卸除一天积累的粉尘、油污。选择弱酸性洁面产品，洗脸水不可过冷、过热，30℃左右为宜。洁面后及时做护肤保湿。

（4）按摩敏感肌肤，按摩时间不超过10分钟，力度要十分轻柔。

（5）含有洋甘菊和玻尿酸成分的面膜对于缓解敏感效果显著，坚持每晚敷一张抗敏保湿面膜。

（6）饮食上注意营养平衡，多喝牛奶，多吃豆制品和含优质蛋白的食物，可以增强皮肤的抵抗力。

（7）抗敏护理是一个长期的过程，坚持护理；当皮肤逐渐达到水油平衡时，就是健康的。

第三节　妆容设计方案

教师职业形象因年龄、性别、学科领域、教育层次等因素不同而不同，有的端庄严肃，有的温和亲切，有的机智幽默，有的活泼可亲，在化妆造型上有不同的要求。若要塑造出得体的教师职业形象，就必须分清类型。但总的来说，MOOC教学影片主讲教师的服装、化妆造型师要提供专业的服务，帮助教师增强个人形象的权威感和可信度，塑造出端庄、严谨，同时充满自然感和亲和力的清新、大方、知性的教师形象。

在这一节中，我们以女教师为案例，详细介绍关于教师的妆容与发型的设计方案。男教师的妆容修饰也可依此技法，但可从简操作，避免太过脂粉气。另外，在本章第五节中专门根据男性教师的体貌特征对整体造型进行指导。

一、MOOC 教学影片主讲教师的妆容特点

1. 根据不同课程风格和教师自身的特点选择不同色系的妆面

教师也可根据自己的肤色来决定色系：偏白的肌肤可用冷色调，偏黄的肤色宜用暖色系或大地色系。对于教师这个有一定权威性的职业而言，妆面宜多采用大地色系，以营造出透明无痕的妆容，体现沉稳的专业特性。互动性强的课程以及艺术类课程，内容相对轻松灵活，妆容可选择明快的色彩，如金、橙、棕、粉、紫。

2. 妆容重点是立体、无瑕的底妆

教师是在镜头前灯光下授课的，因此面部瑕疵会被放大，光线会削弱面部的立体感，所以塑造均匀而有质感的肤色，产生立体感，是妆容中应重点把握的。底妆应比生活中的妆面浓重。

3. 形成端庄协调的色彩搭配

教师的形象是端庄大方、权威可信，在妆面的颜色选择和搭配上要在同一个色系中进行。不可用撞色或过度跳跃的颜色。

4. 选择合适的彩妆质感

彩妆盘的质地分为亚光和珠光，其区别在于是否含有反光颗粒。亚光给人成熟、知性的感觉，妆感透明自然；而珠光则给人华丽、活泼的感觉，同时镜头前会容易显现油腻感。所以MOOC教学影片的主讲教师最好选用亚光质地的彩妆，塑造无痕妆感，以衬托知性、权威的气质。

二、MOOC 教学影片主讲教师的妆容修饰流程

关于MOOC教学影片主讲教师的妆容修饰流程详见以下内容（也可通过扫描二维码学习教师妆容造型微课程）。

1. 妆前的清洁、补水、护肤

教师在拍摄前一晚避免饮水过多，以免造成面部浮肿。清晨的一杯清咖啡也可以缓解水肿。中近景的拍摄，皮肤的质感很重要，早上可以敷补水面膜，并认真完成护肤步骤，让皮肤达到水润饱满的状态（图7-1）。

2. 妆前调整

观察眉型是否有多余杂毛，眉型是否流畅。借助修眉刀、眉梳修整眉型。观察双眼，如果眼皮下垂或双眼皮明显太小，可用美目贴或美目胶调整。化妆前一定要用保湿喷雾清除面部油脂、粉尘，并使用妆前乳润肤（图7-2）。

3. 粉底

拍摄所需的妆容，底妆最好选择具有较强遮瑕力的粉底膏，选择与肤色相近的粉底，用湿润的海绵蘸取少量，以点按的手法，由内向外逐渐推

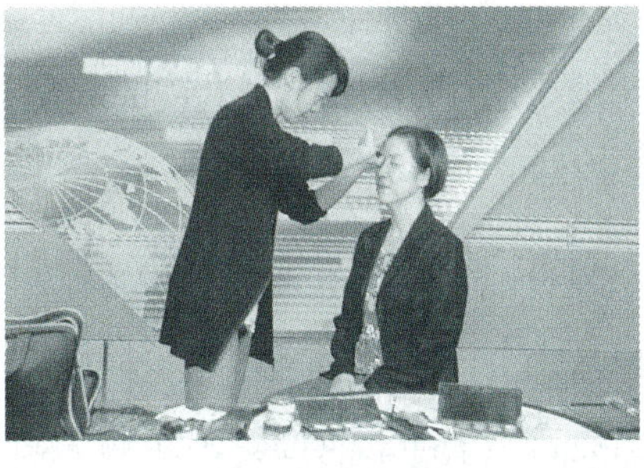

图 7-1　妆前清洁、补水、护肤

玩转中国式 MOOC
二维码

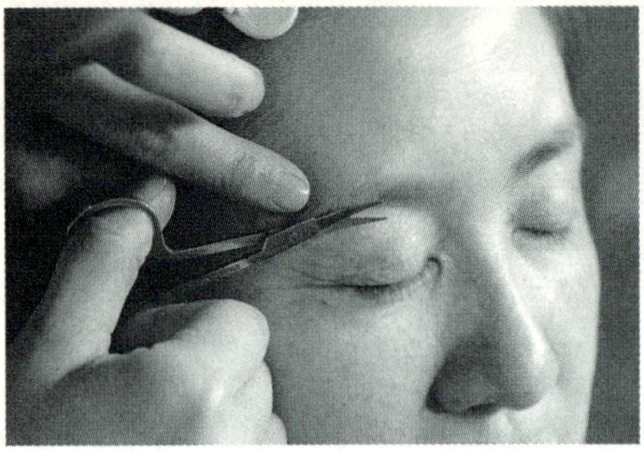

图7-2 妆前调整

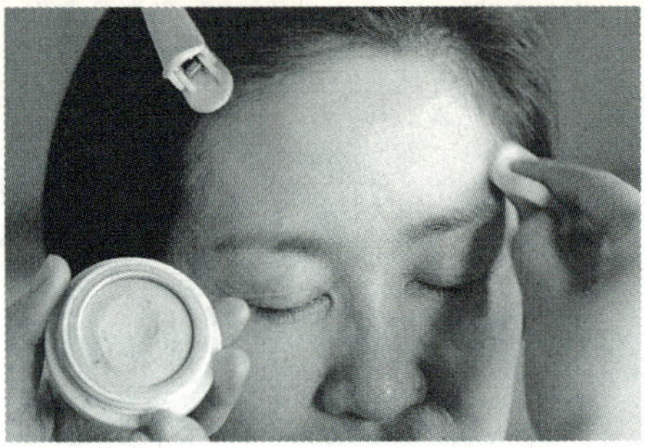

图7-3 粉底

开；粉底的蘸取要少量多次，切忌用力大量擦抹。可选择容易操作的粉底液，但粉底液的遮盖力有限，所以底妆最后可用遮瑕笔完成局部遮瑕。方法是选择与肤色相近的粉底液，取一枚硬币大小的量，分别点在额头、两颊、鼻尖、下巴，用温热的手指轻拍推匀，直至粉底与肌肤融合。也可用粉底刷蘸取粉底液，以打X的方式在面部均匀轻扫，最后用海绵块按压全脸，吸取多余油分，使底妆自然清透（图7-3）。

4. 遮瑕

需要遮瑕的部位有黑眼圈和明显的色斑痘痕。遮瑕的重点在T区，操作时掌握少量多次的原则，以免破坏底妆的清透感。遮瑕膏的选择不同于粉底，一个妆容中，也许会用到两个以上的颜色。所以配备一只多色遮瑕盘是很实用的。例如：对待色斑痘痕，需要选择与粉底色一致的遮瑕膏遮瑕。而发红的鼻翼则需要用绿色遮瑕来调整（图7-4）。

5. 勾勒轮廓

勾勒轮廓即运用高光和阴影塑造更加立体上镜的脸型，把高光粉膏用三角海绵打在T区、眉骨、颧骨、下眼帘、鼻唇沟、嘴角、下颌角，边缘晕开，不要留下明显的痕迹。阴影的范围在两颊咬肌处、鼻侧、发际线、颧骨下方。高光粉底选择比底妆亮一个色度的粉底，阴影膏选择比底妆暗两个色号的粉底。这样可以营造出更自然干净的妆面。传统的深咖啡色阴影膏和白色高光，在摄像灯下显得不自然，不洁净。初次尝试者可选用粉质产品，更

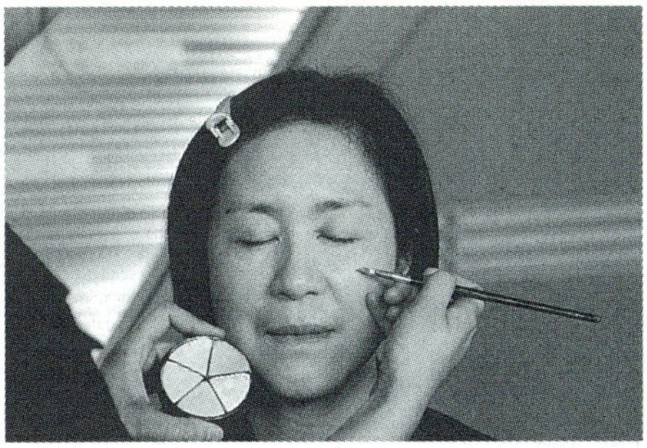

图 7-4 遮瑕

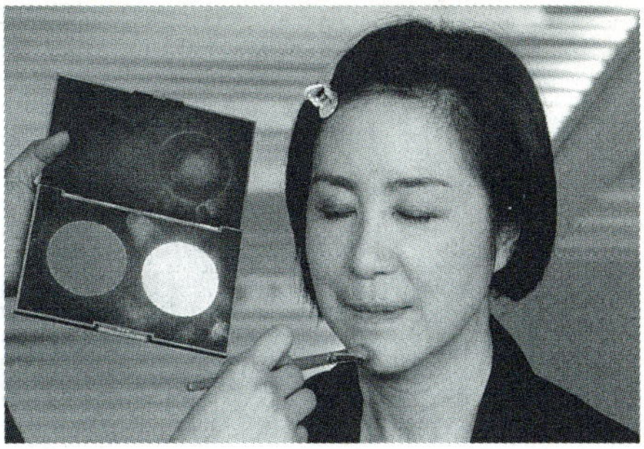

图 7-5 勾勒轮廓

容易掌握用量和力度。高光范围在T区、下眼帘、鼻唇沟、嘴角、下巴，方法是用大号眼影刷蘸取高光粉轻扫以上区域。点画鼻梁部分的高光时，笔刷下笔要直，从鼻梁最凹陷处一笔向下，结束在鼻头1/5处，不要过长、过宽。阴影的范围在两颊咬肌处、鼻侧、发际线、颧骨下方，用中号粉刷蘸取阴影粉均匀轻扫阴影区。完成轮廓勾勒后一定要用干净的粉刷轻扫轮廓线，使高光和阴影的分界线模糊，以免造成生硬的妆面（图7–5）。

6. 散粉定妆

散粉定妆不仅仅是一个定妆吸油的步骤，更起到二次修饰的作用。散粉和粉底一样是分色号的，粉色散粉适合苍白的肤色，绿色散粉适合敏感而有红血丝的皮肤，紫色散粉适合大多数亚洲人偏黄的肤色。用干净的粉扑蘸取适量蜜粉对折粉扑揉匀，用手指弹去多余粉末，均匀按压在肌肤上，重点在额头、鼻翼、嘴角、眼皮，再用粉刷扫去多余散粉（图7–6）。

7. 眼影

MOOC教学影片的主讲教师可根据专业特点和自身特点选择眼影色，晕染方式选择渐层或倒勾。以无痕妆感的咖啡色为例，使用渐层晕染时用大号眼影刷蘸取白色或浅肤色眼影粉扫满整个上眼皮直至眉弓区域强调轮廓，用小号眼影刷蘸取适量浅棕眼影粉沿着睫毛根部和眼球弧度由外眼角向眼头过渡，最后用深棕色眼影粉在双眼皮内沿着眼线由外向内，注意层次过渡，避免污浊感（图7–7）。

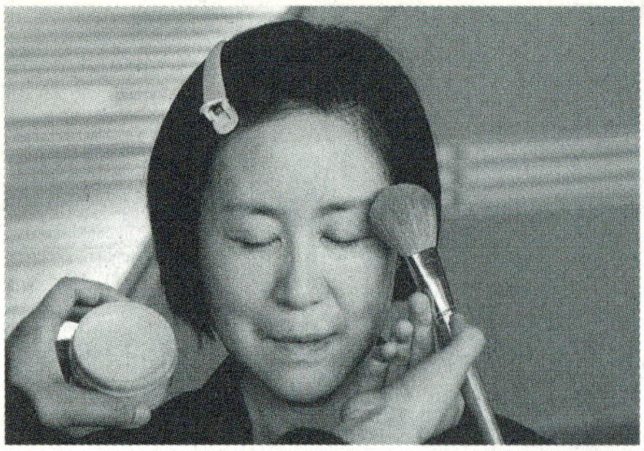

图7-6 散粉定妆

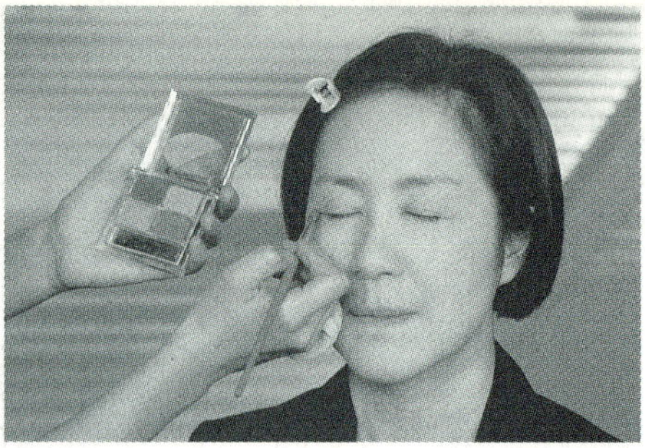

图7-7 眼影

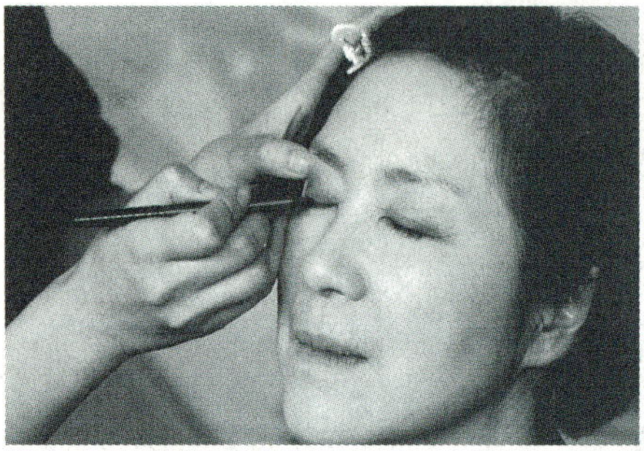

图7-8 眼线

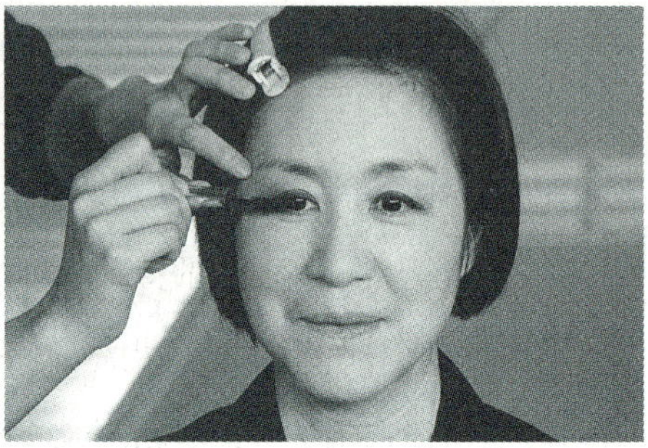

图7-9 睫毛

8. 眼线

镜子放在眼睛下方，使眼睛有向下看的角度，无名指把眼皮轻轻提起，用眼线笔贴紧睫毛根部由眼尾向眼角分段描画，利用眼线粗细变化调整眼形，眼尾处略上扬拉长。画完线条后一定要用眼线刷将眼线推匀，使线条自然流畅。下眼线可用眼影粉代替，选择上眼帘所使用的眼影粉最深的颜色在下眼睑2/3处贴紧睫毛晕染（图7-8）。

9. 睫毛

睫毛膏是眼妆重要的组成部分，睫毛夹得卷翘，睫毛膏涂得整洁均匀，眼睛就会显得深邃有神，也有助于减淡黑眼圈造成的疲态。夹卷睫毛的方式是由外到内，最后根部，分段式夹。夹好的睫毛卷曲度要达到80°。然后走“Z”字的手法刷睫毛膏。为了配合拍摄，切忌涂得太多太厚，根根分明为宜（图7-9）。

10. 眉毛

教师的眉毛要整洁干练，切记杂乱。修正眉毛后用斜角刷蘸取眉粉勾勒眉形，自然的眉毛应该两头淡，中间深；下线实，上线虚。空隙处用尖细的眉笔根据眉毛生长的方向画出根根眉毛，颜色应与自己的眉色、发色协调（图7-10）。

11. 腮红

腮红可以进一步强调面部轮廓，提升气色，颜色取决于眼影所选用的色调。教师所用的颜色大致以粉红、粉棕、粉橘色为主，打法以“W”法为主，耳际—颧骨下（笑肌）—鼻翼。如果找不到正确的位置，可以对着镜子微笑，在笑肌最突出的地方下笔，粉刷向斜上方旋转轻扫至耳际。整个妆容的重点在眼部，所以腮红要淡淡地处理（图7-11）。

12. 唇彩

教师适合选用水润亚光的膏体唇彩，颜色需配合整体妆面的色调（图7-12）。

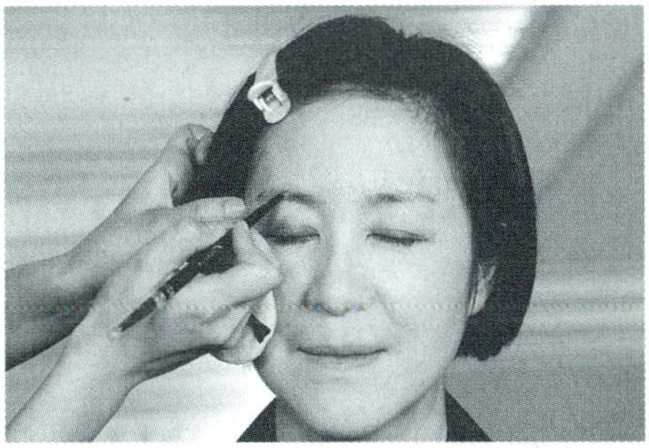

图7-10 眉毛

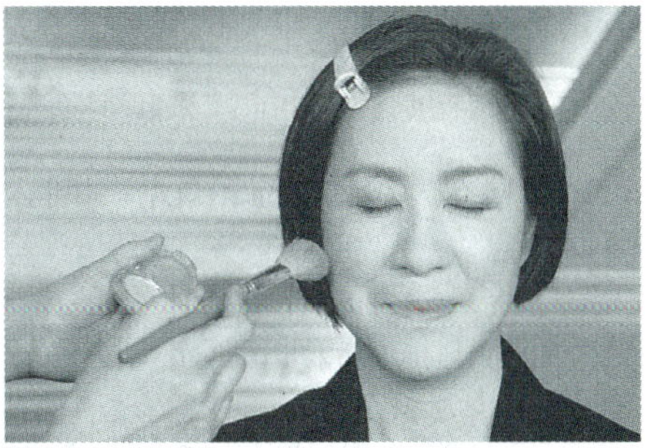

图7-11 腮红

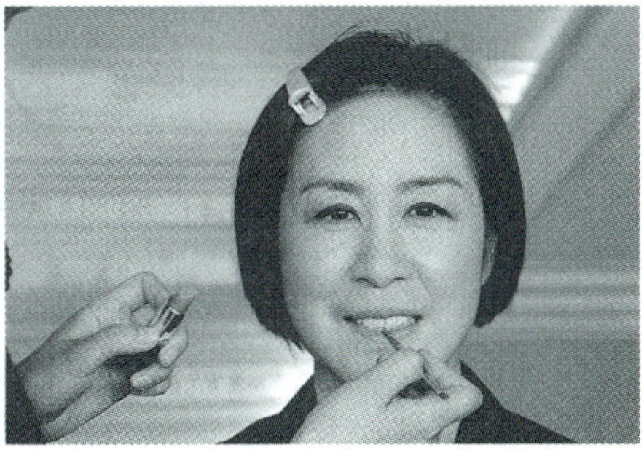

图7-12 唇彩

13. 发型

发型设计也要与面部妆容修饰相呼应。发型、发饰被人们与品质、性格联系在一起。作为MOOC教学影片的女性主讲教师上镜时多为干净整齐的传统式盘发或吹风造型后的蓬松短发。发色通常以自然的黑色、黑棕色为主，可以染发，但避免太过艳丽的发色。常使用吹风、打毛包发的造型方式。当然，年长教师的银发也有着特殊的魅力。

第四节　服饰设计方案

服饰能够在一定程度上反映一个人的社会地位。英国著名体态语言学者D.莫里斯说："穿衣服不传递社会信号是不可能的。每件衣服都说出穿着者的一段故事，而且常常是很微妙的故事。"[1]一般来说，衣着有三项功能：舒适与保护、遮羞和文化展示。在MOOC教学影片主讲教师的整体服装搭配上，文化展示的功能越来越具有突出的地位，选择端庄大方的职业套装，可选择衬衣、吊带等来搭配，领间、颈、胸不宜大面积露出肌肤，领口不宜低于腋线。

服饰能体现教师的个性，每位教师都有自己的个性，因此服饰与个性应和谐一致，以最充分地展示自我。教师的服饰显示了教师的审美趋向、审美水平，主要通过教师对服饰质地、款式以及颜色的选择与搭配等方面表现出来。有些教师能根据自己的肤色、年龄、职业，选择恰当的款式和颜色，体现出一种和谐之美和"时尚"感。在色彩上通常选择深色外套搭配鲜艳或浅淡的内搭衣物（如图7-13和图7-14），整体给人冷静沉着、典雅秀丽的感觉，符合课程中教师权威性的要求。在服装的款式和颜色的搭配上，考虑到

[1]　洛雷塔·A．马兰德罗，拉里·巴克．非语言交流[M]．孟小平，等，译．北京：北京语言学院出版社，1991:69．

图 7-13　女教师服装

图 7-14　男教师服装

情境的因素，比如中国古典文学课程的主讲教师可以选择穿着唐装。另外，社会的包容性在增强，一些在情理之中的变化，有时也会拉近教师和学习者的距离，起到良好的传播效果。在配饰方面，教师尽量采取少许饰品，比如丝巾或素色胸针，配饰的颜色尽量与服装的颜色呈邻近色，以保持教师端庄大方的形象。

第五节　男性教师整体造型方案

不同性别、年龄的教师有着不同的体貌特征。对于男性教师，面部妆容与发型以干练、简约、清爽的风格为主最为合适。MOOC教学影片的男性主讲教师在化妆时，要表现出男性的力度，在任何光源下都不应显出化妆的痕迹。为体现肤色结实、健康，可选择同肤色粉底或比肤色深一度的粉底，禁用比肤色还要亮白的底妆。男性教师的化妆重点是通过高光阴影突出面部的立体感，突出挺直的鼻形、有棱角的眉形和唇形。过于夸张的修饰和在面部堆砌色彩，会使男性教师的形象带有脂粉气。

男性教师在发色和发型上也都要讲究。发色以自然的黑棕色为主，不宜漂染过于浅淡、过于夸张的颜色。发型也应简洁、整齐、明快、自然，尽量做到前发不附额、侧发不附耳、后发不及领。通常采用吹风的方式创造出饱满的发型。

在服饰方面，男教师可以选择深色西装搭配浅色衬衫和素色领带，尽量避免条纹领带，而且避免用配饰修饰，下面介绍一些简单的技巧。

一、让肥胖体型看起来苗条的技巧

首先，在男性教师衬衫“V”字区域突出衍射的明暗反差，增加各部分的分量感，从而使体型显得苗条。然后，男士在选择西装时宜选择收身效果明显的偏暗（或偏深）的颜色，并且带有竖线条纹。

二、用眼镜的颜色和形状来掩饰面部缺陷

男性教师可以用眼镜代替化妆来改善自己的容貌。“眼镜也是长相的一部分”，如果能很好地利用眼镜的颜色和形状产生视觉效果，就完全可以改变一个人的形象风格，如方脸型佩戴方形镜框，长脸形佩戴椭圆形镜框，圆脸型佩戴圆形镜框，三角形脸型佩戴弧形镜框。

总之，一个人的衣着、体貌传递着这个人的种种信息。容貌对一个人的交际有影响，对教师来说，要博得学习者的敬慕，最根本的还是对学习者无私的爱和内在的学识修养，学识修养对提高教师的威信具有很大的作用。化妆造型的一个重要目的只是为了扬长避短，塑造更加优美的教师形象。每个人在外貌上都有自己的优缺点，呈现出不同的特征，所以在化妆造型的时候，应该根据教师自身的特征来选择不同的发型、服装、配饰和化妆手法，以此来弥补缺陷、强调特点，塑造具有鲜明个性风格的、高识别度和记忆度的教师形象。

第八章

MOOC 摄像工作手册

MOOC 教学影片与一般的电影、电视艺术作品不同，在拍摄、录音、照明和剪辑制作的各个流程中有自身的特点。各类学科的知识由 MOOC 教学影片主讲教师的语言信息、体态信息和教学现场学习者的反应信息这三个方面信息综合而成。这样才能最为立体、最为系统地向在线学习者还原整个课程并拓展其外延。虽然随着传播媒介和网络技术的发展，学习者能够通过网络课程方便地进行学习，但是依然无法完全身临其境与教师在同一时空、同一场地面对面交流。作为 MOOC 教学影片的导演、摄像师、剪辑师等专业人员要积极地通过调动教师与现场学习者的表情、态度，营造氛围，形成语境。无论是文、史、哲类的专业课程，还是科学技术普及类课程，MOOC 教学影片都要尽力地使在线学习者获得良好的学习体验。我们将从本章起，用四章内容分别对 MOOC 教学影片的拍摄、照明、录音和剪辑的工作流程、注意事项和实际操作进行阐述。

第一节　数码摄像基础知识

MOOC教学影片的摄制工作需要一定的数码摄像基础知识，我们简要地将其分为七个要点，以下一些内容就是在拍摄MOOC教学影片时必不可少的知识储备，可用它们指导实践。

一、格式

一切的制作工作最终都是为了MOOC能有良好的效果，终端用户能流畅地观看到高质量的课程教学影片。在拍摄前必须先确认拍摄的格式，以避免在后期工作中出现无法挽救的事故。

让我们从以下几个非常重要的技术指标开始了解。目前的MOOC教学影片制作使用的拍摄器材都属于高清数码摄像机，HDV（High Digital Video）是由佳能、夏普、索尼、JVC四大厂商推出的一种使用在数码摄像机上的高清标准。采用这一标准的数码摄像机能以720线逐行扫描方式或1080线隔行扫描方式进行拍摄。在HDV标准下，MPEG-2制式被用于DV磁带的记录方式，使用M2T格式，AVCHD使用M2TS格式，还有些相机使用MP4或者MOV编码格式。分辨率是指垂直和水平的像素，高清视频的分辨率主要分为1920×1080、1280×720，SD因PAL和NTSC不同也有所差别（图8-1），PAL制是每秒50场，NTSC制是每秒60场。由于现在的电视都是隔行场，所以可以认为PAL制每秒25个完整视频帧，NTSC制是30个完整视频帧。中国使用的是PAL制，考虑画面输出时的呈现比例SD（标清）是4：3、HD（高清）是16：9，所以也要了解今后将在什么样的播放设备上观看再来决定输出时的画面比例。我们主张MOOC教学影片的拍摄使用高清HD格式HDV1080i-50i for PC，MPEG 文件为24 位，尺寸为 1440 ×1080，25 fps（每秒传输帧数）。选择高场优先（MPEG-2），16：9为宜。视频数据速率：25 000 kbps。音频数据速率：384 kbps，MPEG音层 2，48 kHz，立体声，以解决频闪问题。

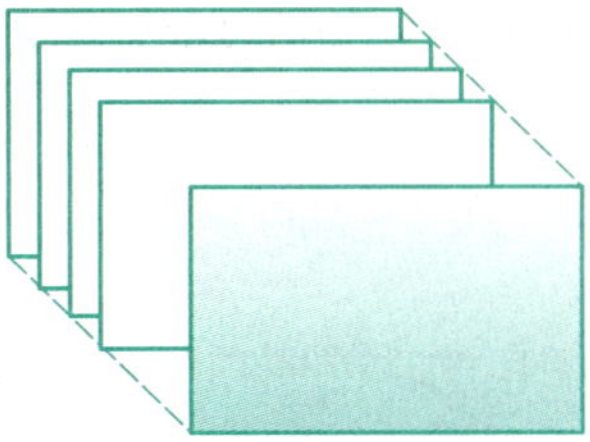

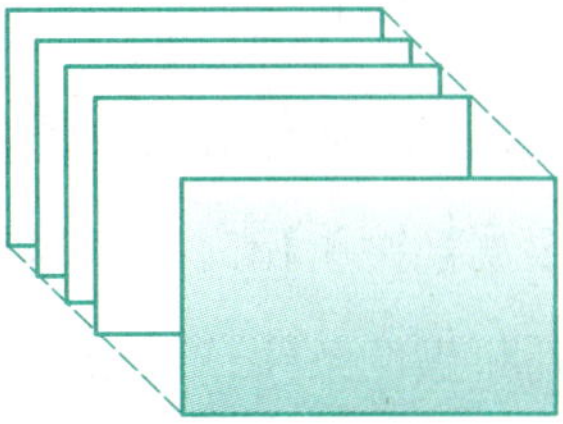

图 8-1　PAL 与 NTSC 之间的区别

如果在工作中出现了我们所不愿意见到的格式不统一的现象，那么以下方案可供参考。

1. 压缩格式的流量，可以选择与来源格式相同或者降低流量的格式让文件变小，此时不会因选择提高了流量而把原来压缩时已去掉的信息恢复回来。

2. 如果将HD转换成SD，有三种方法（图8-2）：

（1）挤压模式（Squeeze），将16：9变形压缩到4：3的画框里，画面被上下拉长，左右收缩，画面人物呈现瘦高的变形。

（2）信箱模式（Letterbox），将画面等比由16：9缩小到4：3时，画面上下边缘有遮幅。

图 8-2　HD 转换 SD 的三种方法

（3）裁边模式（Edge crop），将16∶9左右裁去，保留4∶3比例的画面，但实际上画面四周边缘已经损失。

二、白平衡

数码摄像机调整画面颜色的功能叫白平衡（White Balance），用以保证在不同光线色相下能正确录到白色。由于MOOC教学影片拍摄时会在现场使用多台摄像机，我们建议将机器开到自动白平衡或自动跟踪白平衡，这是一种非常先进的白平衡处理方式。现代摄像机都有针对某些通用光源的最佳化设置方案。摄像机可以根据其镜头和白平衡感测器的光线情况自动探测出被摄物体的色温值，以此判断摄像条件，并选择最接近的色调设置，由色温校正电路，即白平衡自动控制电路并将白平衡调到适合的位置，从而实现白平衡调节。

三、焦距

拍摄MOOC教学影片时建议就使用“变焦镜头”并开到自动挡，以课程内容为主线，在让学习者听清楚、看清楚的基础上，无需太多摄像技巧，不要舍本逐末地去追求画面变化。MOOC教学影片的摄像师应该熟练掌握手中的数码摄像机，充分信赖科技进步下摄像工具的成熟性。

四、自动曝光

数码摄像机中内置式测光表采用整个场景的平均亮度值或是测量域框中的一个小区域，这叫作中央重点测光法。当然也可使用手持测光表，根据不同区域的光亮度去计算适合的平均值。但最重要的是考虑拍摄的目的，MOOC教学影片的拍摄选择自动曝光模式。同时努力营造清新、明朗、愉快的影调，营造出清晨学习的气氛，因为人在清晨学习最容易接受复杂的知识信息。

人的精力状况在一天之中呈U形分布。“一日之计在于晨”，早上时精力最旺盛，大概可以坚持到十点半至十一点，因此授课的刺激程度要遵循U原则（图8–3）。无论拍摄被安排在什么时段，在摄像棚中都可以遵循人的生理规律，模拟出清晨的影调。

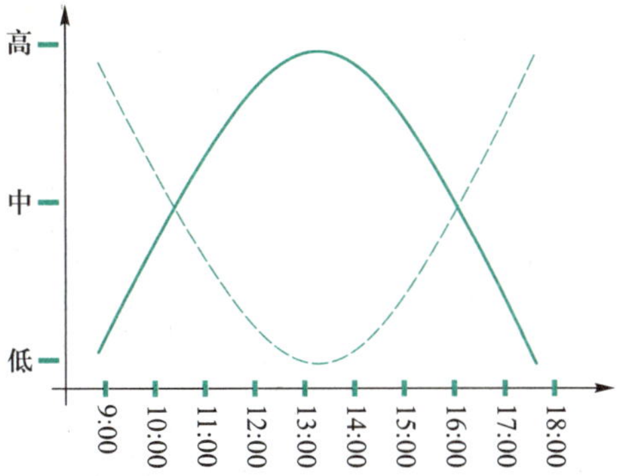

图 8-3　遵循人的精力的 U 原则

五、三镜头法拍摄原则

前面已经讲述过三镜头法。MOOC教学影片的拍摄也遵循三镜头法。镜头1：教学空间定位镜头，把空间关系交代清楚（图8-4）。镜头2：教师台词镜头，拍摄教师授课的全过程（图8-5）。镜头3：学习者反应镜头，拍摄现场学习者的情况（图8-6）。其中镜头2和镜头3都是镜头1（定位镜头）中的一部分，而且镜头2和镜头3中往往需要相互呼应，配合使用，所以三镜头法是时空统一的，符合封闭空间观念所追求的连贯性。

图 8-4　三镜法之镜头 1：教学空间定位镜头

图 8-5　三镜法之镜头 2：教师台词镜头

图 8-6　三镜法之镜头 3：学习者反应镜头

定位镜头客观地展示一个教学场景。教师台词镜头负责拍摄整个教学过程中教师的表现。课程能不能听明白的关键是教师台词，拍摄前导演要提醒教师照顾好此机位的摄像机，语言和神态的交流或停顿或启发性的表情都要面对这个镜头，照顾好这个镜头就如同照顾自己心里最喜欢的学生，因为这个镜头就是成千上万名在线学习者的视角。而现场学习者的反应镜头也就是旁听者的镜头。

个体之间进行交谈时的目光交流，可能是单向的（一方注视另一方），也可能是双向的（双方相互注视），这种互相注视通常被称为“目光接触”。心理学家们研究发现，个体间进行交谈时，一个人在倾听期间平均会有75%的时间在注视对方，而在讲话时平均有41%的时间在注视对方。亲切的目光交流，会让人与人之间的关系变得亲密，气氛变得融洽，从而保证沟通的顺畅和深入。现场学习者的反应是课堂传达的知识信息中重要的组成部分。

在MOOC教学影片的拍摄中只有将定位镜头、教师台词镜头、学习者反应镜头这三类镜头所捕捉的信息综合地呈现给在线学习者，才能构建出真实、立体、沟通无障碍的网络教学场景。

六、轴线

轴线是影视画面中一条虚拟的线，是被摄对象的视线方向，运动方向和对象之间关系所形成的一条假定的直线。在选择不同角度拍摄轴线上的人物时，摄像机只能在轴线同一侧的0° 至180° 之间，不能越过轴线，这就是“轴线规律”，亦称180° 规律。

轴线又包括关系轴线和运动轴线。由被摄对象的视线和关系所形成的轴线叫关系轴线。由被摄对象的运动方向构成的轴线叫作运动轴线。一个拍摄场景中有两个或两个以上的人物，轴线是以他们相互视线的方向为基础的。在只有一个人的情况下，关系轴线存在于两个人所观察的事物之间，一般不能越过关系轴线到另一侧去拍摄。如果越过轴线到另一侧拍摄，就会改变画面上的方向，使观众搞不清楚空间关系，这种情况被叫作“越轴”或“跳轴”。即便是经验丰富的导演也会犯“越轴”的错误，因此需要花些时间准备拍摄方案。

我们以两名教师对话的场景为例来解释一下轴线的基本原理。图8-7是正确的方案；图8-8是错误的方案，2号摄像机已经越过了轴线。两名教师仍然站在同样的位置，但是此刻的镜头显得很不舒服，好像两个人已经不再面对着对方，造成空间的错觉。

七、景别

景别（图8-9）是“照相机取景区别”的简称，包含照相分类的意思，在英、美国家称“size”，是长度单位。依据布里奇的说法：长度概念就是度量空间和时间的操作，别无其他。对于电影来说，离开现场拍摄的具体空间和时间无法谈论景别的“size”。许多时候镜头的选择要受制于预算和时间，所以导演需要知道自己想要什么和为什么。镜头的选择也能改变镜头的风格（尤其是用广角镜头或长焦镜头拍摄教师的特写时）。一系列不同景别的组合可以传达不同的信息和情感，提供不同的视觉兴趣中心，制造不同的韵律与节奏，在剪辑时给导演提供更多的选择空间。

远景（Wide Shot ，简写WS）：展现广阔的视野，让事件和动作置于一个开阔的环境之中，受众可以通过全面观察环境寻找所需要捕捉的信息。

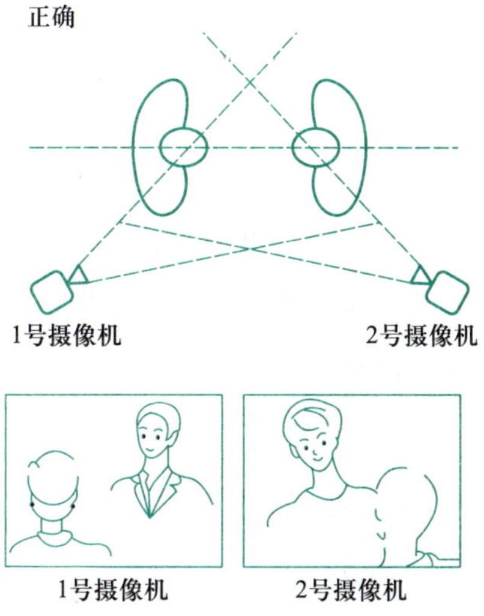

图 8-7　轴线正确图

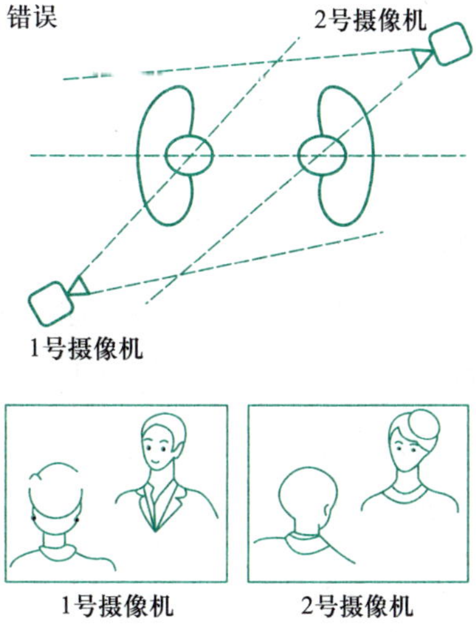

图 8-8　轴线错误图

图 8-9　景别

全景（Full Shot，简写FS）：一个人全身都出现在画面里，占据整个画框；通常用来表现人物进出一个地方，或边走边说（镜头跟拍人物）。

中景（Medium Shot，简写MS）：中景镜头中仍然可以看到周围环境，表现多个被摄物的位置，可用一个镜头表现整个场景和师生的对话。

近景（Medium Close-up，简写MCU）：表现一个人肩部或胸部以上，通常用于表现亲密的交谈。

特写（Close-up，简写CU）：特写有戏剧效果，观众就像被推到了人物的脸上。特写很容易滥用，所以要有选择。同角度的远景加中景加特写是一个习惯的用法，这个过程基本不用再打光，摄像机基本不用动，只做变焦镜头前伸或用较长的镜头代替定焦镜头拍摄特写即可。

大特写（Extreme Close-up，简写ECU）：大特写镜头常常用于表现特殊效果，在拍摄MOOC教学影片时慎用大特写拍摄教师授课和学习者学习；而对于课程中所提及的演示的教具可以使用大特写进行说明。如果想拍一个效果较好的大特写，需要额外租用一个滤镜。

第二节 影片拍摄器材配备方案

随着科技的进步，近年来各大影视器材制造商所推出的高清摄像机均可满足拍摄MOOC教学影片的要求，高清摄像机的影像质量相差无几，所谓电影和电视、专业级和消费级，之间的区别大多都是被制造商在市场推广的过程中故意夸大的。影像制作成败在人，摄像师所用的工具只要得心应手就是好的。

然而，在摄像机选择的过程中还是要注意几个较为重要的技术指标，如：传感器、有效像素、自动快门速度、是否支持手动白平衡等。以索尼NEX-VG900E（图8-10）为例，它又被称作“E卡口”的可换镜头的机身，通过“E卡口”转接环装置可以根据实际情况更换数码相机镜头，全画幅，传感器类型为Exmor CMOS ，有效像素2 430万，对焦方式有单次自动对焦、连续自动对焦、连续手动对焦三种方式；支持自动和手动白平衡调节，可以通过高清输出连接高清电视机，方便导演监视画面。索尼NEX-VG900E的录音品质较高，录音设备支持杜比数字5.1声道/杜比数字2声道，内置麦克风。达到此类标准的摄像机就非常适合MOOC教学影片的拍摄了。

在MOOC教学影片拍摄过程中还需要如摄像机电池、数码记忆存储卡

图 8-10 索尼 NEX-VG900E

或记忆棒、摄像机三脚架、轨道车、线缆、器材运输车等周边器材，具体情况视拍摄项目复杂程度而定。此外，关于灯光照明、录音设备的装备在之后的章节中有专门的介绍。

第三节　影片摄像工作流程

MOOC教学影片的拍摄工作在导演的指导下完成，为了照顾灯光、录音的工作，摄像师按照如下的工作流程操作会比较顺畅（图8-11）：

MOOC教学影片属于小成本投资制作，虽然拍摄团队中人员集约，但是摄像师必不可少。在这一节中，我们对影片摄像工作可能遇到的问题提出

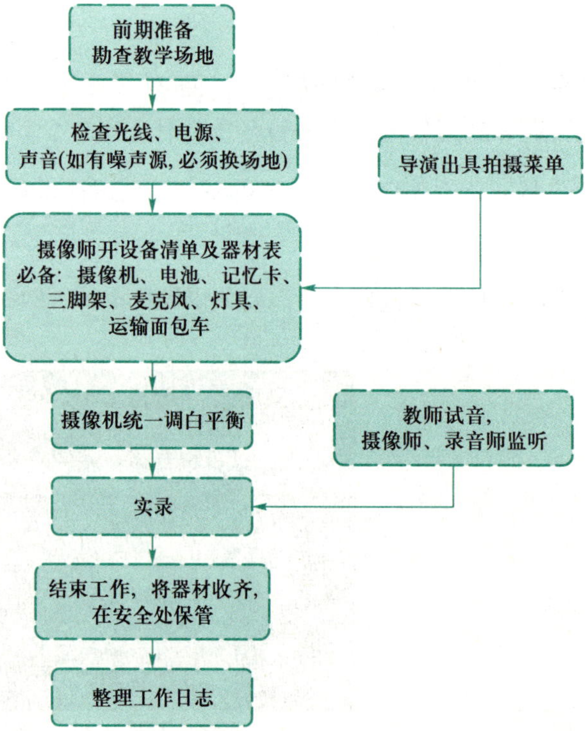

图 8-11　MOOC 教学影片摄像工作流程

以下解决方案，以供参考：

（1）尽量少使用摇镜头、轨道车、斯坦尼康等运动设备，保证多机位镜头的稳定性；

（2）开拍前调试教师台词提示器、摄像机三脚架的高度；

（3）摄像机视角微仰拍教师，以树立教师的权威形象；

（4）根据课程内容的需要，教师进行显示与示范说明时，细节镜头要及时跟进；

（5）提醒教师在进行课堂交流时掌握速度；

（6）提醒教师在进行知识说明、启发交流时目光多停留在负责拍摄台词镜头的摄像机上；

（7）特殊课程内容如物理高速镜头、水下镜头、天文镜头等画面建议教师提供视频素材，以减轻MOOC教学影片拍摄团队的压力。

第九章

MOOC照明工作手册

成功的布光能加强布景、突出角色的视角、增强冲突、增加视觉趣味。MOOC教学影片的拍摄面临的布光选择通常是：暖光还是冷光；人工光还是自然光；强调的重点是两侧、顶部、底部还是背景；亮度、阴影的强度，漫反射的程度。在这一章中，我们将为MOOC教学影片的拍摄提供切实可行的照明方案。

第一节 灯光照明基础知识

布光不管多么复杂，从原始分工上说只有“人物光”和“背景光”两种。它们的关系是因为需要强调人物才需要给背景光。以图9-1为例看MOOC教学影片在拍摄时灯具的基本任务和布光模型。负责“人物光”的灯具派生出“主光”“辅助光”“轮廓光”这三项。负责“背景光”的灯具又派生出“底子光”。

“主光”是照射人物的“主要光线”，从光感上说是最明亮的部分，有其方向性。如果是自然采光，那么“主光”是教学现场的灯光；如果是室外教学，那么主光就是阳光。

光与影总是相伴而生的，“辅助光”是因为“主光”照射物体产生了投影，作为主光的辅助，它把影子冲淡。基于这个目的，“辅助光”的位置应该在主光的另外一边，越是靠近摄像机越是有利。从道理上说，“辅助光”因为是“主光”的辅助，光照不应该比“主光”强。

“轮廓光”原来是为了解决人物和背景亮度等问题而产生的，通过提高人物的轮廓边缘光照，从光感上把人物与背景区分开来，在场景中增强具有说服力的“立体感”。

“底子光”原来是帮助受众识别场景的基本信息，是背景光的“能见度”。在户外拍摄，天光就是“底子光”；在室内公共场所拍摄，日光灯就是“底子光”。

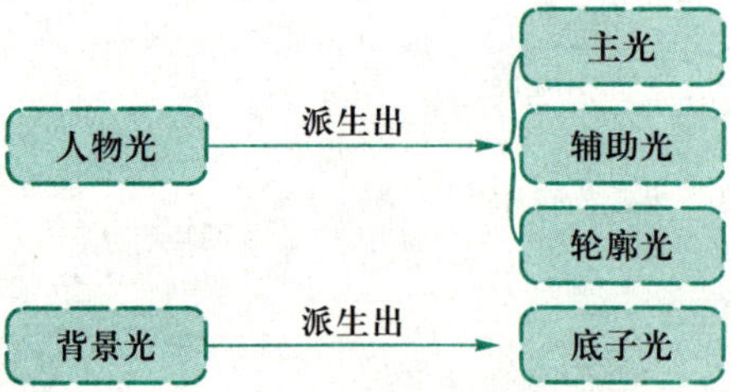

图9-1 灯具的基本任务和布光模型

在主流电视片拍摄中，灯具分工非常复杂，布光名称也种类繁多，而MOOC教学影片的拍摄机位比较固定，因此不必拘泥于布光定义，了解上述名称并适度运用就可以了。

第二节　影片照明方案

本节介绍MOOC教学影片制作的照明工作环节中的两大问题：照明器材的配备和光的处理。

一、照明器材

这里推荐MOOC教学影片在拍摄时最实用的一些照明器材，要使用尽量小型、轻便、耐久的照明器材，成套装在一个箱子里，可根据实际情况方便搬运。照明器材清单如表9-1：

表9-1　照明器材清单

照明器材	数量
小射灯	2个
灯脚	2个
备用灯泡	4个
发射灯泡夹子灯	2个
夹子灯罩和尾巴线	各2个
反光板	一套
用于遮光的黑纸	若干
用于调光的描图纸	若干
黑胶布	若干
滤色纸（蓝色和橘色）	若干
电源延长线（4～5m）	两根
螺丝刀	一套

以这个清单为基础，灯光师可以根据教学场景情况灵活地进行加减，除了红头灯（用小型碘钨灯管用作照明的灯具，半圆形的反光罩，做成橙红色，俗称红头灯，色温4 000～5 000 K，功率500～1 000 W），MOOC教学影片的拍摄还会用到三基色灯（图9-2）、LED灯（图9-3），这些灯具具有规格多样、价格便宜、使用寿命长等优点。

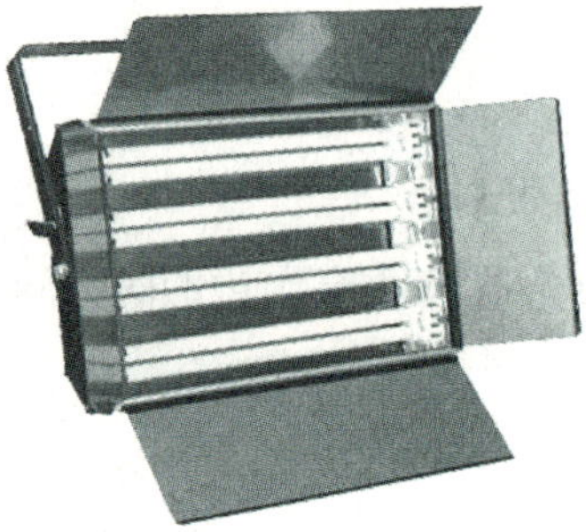

图9-2　三基色灯
（主要背景光，用于人物辅助光）

图9-3　LED灯
（轻便灵巧，省电，背部可以装电池）

MOOC教学影片属于低成本制作项目，因此建议选择使用性价比高、安全可靠、使用寿命长的照明器材。但是，这不代表可以降低对影片效果的高标准要求。灯光师的技术水平和布光技法是关键。

二、光的处理

1. 三点布光法

在影视制作照明专业领域中，经常说到“三点布光”的概念。“三点布光”的定义是人物照明中三种基本光线，即：主光、辅助光和逆光的光位处理。归根结底，布光就是要处理好“背景光”和“主光”，不可忽略“辅助光”的处理和应用，站在照顾观众的立场，光影的基本量化关系应该为3∶2∶1，即“三光处理法”（图9-4）。

在MOOC教学影片的日景拍摄过程中关于布光的要领是主光、背景光、辅助光的三光比率为3∶2∶1，然后按照现场实际作调整。室内日景中，人物光比教室光亮一点，如果背景有门窗，透过窗户需要一些户外景物信息，在布光上还要考虑室内外两个方面的平衡。要点是提高教室的底子

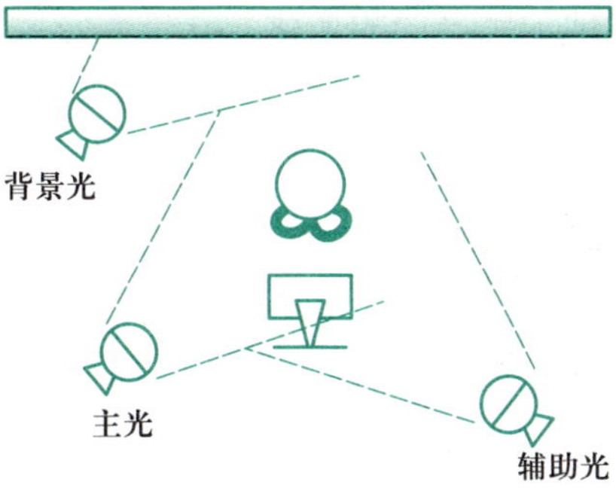

图9-4 三光处理法

光，与室外光趋于平衡。

MOOC教学影片的户外拍摄一般利用自然光线，重点应该注意人物光和背景光的平衡度。MOOC教学影片制作中有场景落实工作，其中包括自然光线如何利用的问题，光线的投影直接关系到摄像构图。简便可行的方法是带一台照相机，用来收集数据信息，而传统上可以用指南针来推算一天太阳的运动情况。MOOC教学影片的拍摄一般以利用自然光为主，常用“错位”和“借光”的技巧。这里的“借位”指人物应该在理想的位置上，挑选适中的“背景光”与“人物光”取得平衡。比较典型的例子，背景应该避免大片的天光造成的反差。“借光”就是把师生放到理想的表演光区内。

2. 硬光与柔光

自然界中，照在人体上的光有“直接光”和“间接光”。从光学上来说，直接光称“一次光”；通过一次反射的光称“二次光”，通过两次反射的光称“三次光”，统称为“次生光”（图9-5）。MOOC教学影片的“主光”和“辅助光”的比率，源于观众对自然界的“一次光”和“次生光”的印象，他们本能地知道影像表现是否符合自然场景。此外，“一次光”因直接到达人物，其特征比较“生硬”，称为“硬光”；“次生光”间接到达人物，其特征“散漫”，比较柔和，称为“柔光”。光源是直线传播的，称“点光源”，光源在传播中经过反射发生扩散，又称“面光源”。经过如此转换，光源改变了性质，在分类学上又称“光质变化”。“光质变化”与场景的“真实性”

有关，观众可以本能地识别光质的变化，感受到影片画面中的光照是否自然、真实、流畅。从图9-6可以看出改变光质的操作原理。

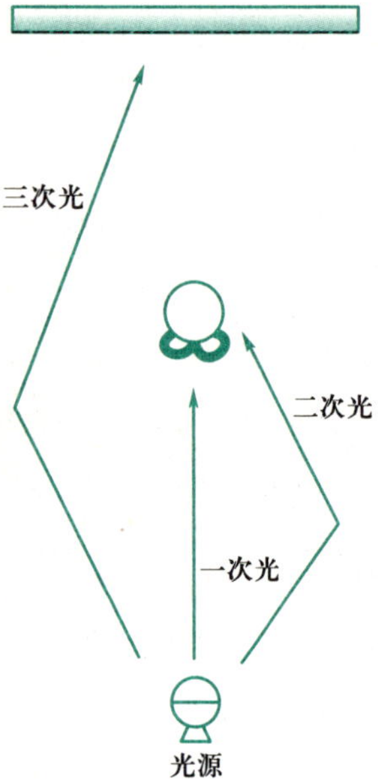

图9-5　光的反射

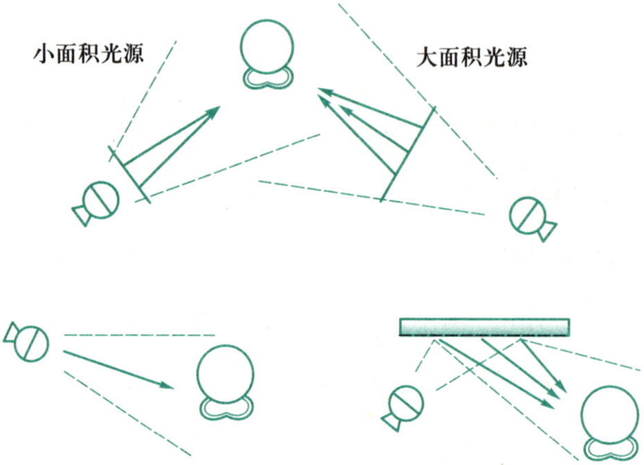

图9-6　光的柔度加工法

3. 光线颜色

太阳或灯光的光源都会发生色温上的变化，不同色温的环境会有不同的颜色变化。摄像机想取得正常颜色，就要迎合光线来进行矫正。时下的数码摄像器材都具备自动化功能。如果有所偏差，在后期剪辑阶段也可以用软件来矫正。MOOC教学影片在拍摄过程中“正常颜色”是指可以通过矫正来解决的光线。

在影视工作流程中把感光元件大体分为两大类型，一种称为“日光型”，色温5 500 K；还有一种称为“灯光型”，色温3 200 K。在灯具制造方面，也分为接近太阳的色温5 500 K和接近钨丝灯的色温3 200 K的照明。还有一种“色温转换纸”（色纸）也可以起到一定的作用（图9-7）。

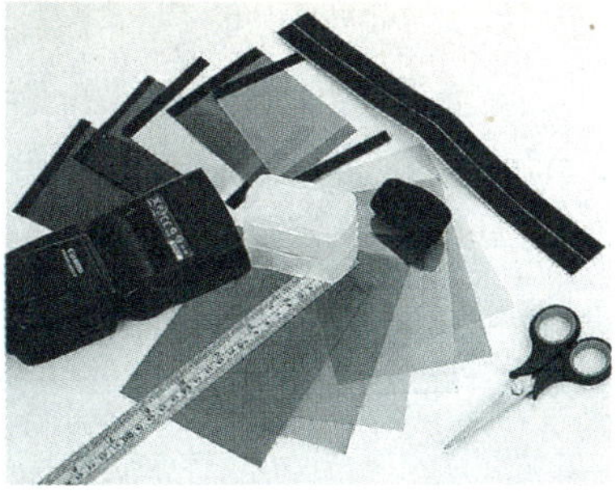

图9-7　色纸改变光线色温

第三节　影片照明工作流程

在MOOC教学影片的拍摄过程中，照明工作与摄像工作相伴，有的时候需要由摄像师兼职担任灯光师。照明工作的全流程展示如图9-8所示：

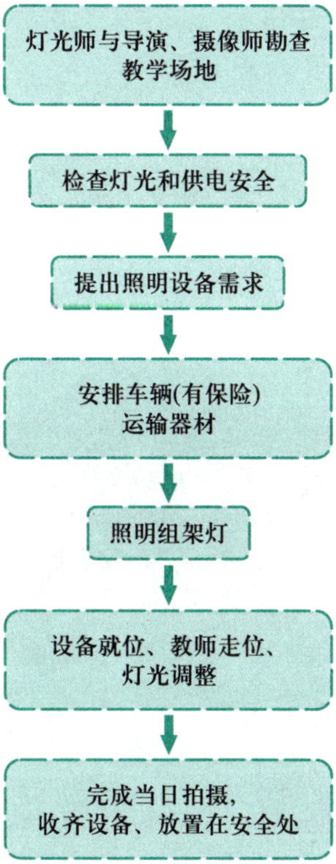

图9-8　照明工作流程

第十章
MOOC录音工作手册

声音可以传递信息，营造气氛。MOOC教学影片的录音会直接影响学习者对课程知识的接收和理解。对MOOC教学影片的学习者而言，所听比所看更重要。人类接收的信息大约90%都来自眼睛，视觉有更大的忍耐度，但当声音良好时人们可暂且容忍画面的瑕疵。在这一章中，我们将了解MOOC教学影片录音工作的流程，指导搭建音响系统，以及提供各类录音器材的选用方案和操作注意事项等。

每位录音师都要明确自己的职责，要尽量清晰、准确地将教师的声音和师生间的对话完整地采集，并适时添加音效或音乐等声音素材，进行现场扩声，进行后期的声音制作。

第一节 录音基础知识

如果想顺利地完成录音工作，作为录音师必须掌握一些物理学的知识（图10–1），通过在拍摄中的实践摸索选择配备合理的录音器材，这些都是成功的关键。录音机都是由麦克风这一感应器受到音波震动，把信号传送到录音设备中去的，通过音量调整之后记录在某一材料上，不管用什么材料录音，它对音压的接收能力是有一定限度的，超过了这一限度，声音将无法被正确记录下来。在声音记录材质上，能够承受的最大限度音量被称为“峰值”，它的限定基数“0 dB”，即100%录音。声音记录材料能够受最大限度的音量设定为“0 dB”，就是说这台录音机不承受超过此限度的音压。同时还需要一个“音量调整器”进行控制。

在MOOC教学影片的拍摄中录音是非常重要的一部分，有时甚至超过了对画面的要求，因为画面出现瑕疵可以使用多种方案进行弥补，而声音是授课环节中核心信息传播的载体，而且原则上授课过程是无法被打断重来的，所以对录音的处理要事前做好预案工作，以求万无一失。在课程进行中随着教师的走动或位置的变化，无论采取何种录音方式，都可能出现啸叫、停顿、无音、声音过载的尴尬，不过这些都是可以避免的。

为避免这些情况的发生，录音师在录制课程时应注意以下几个方面：

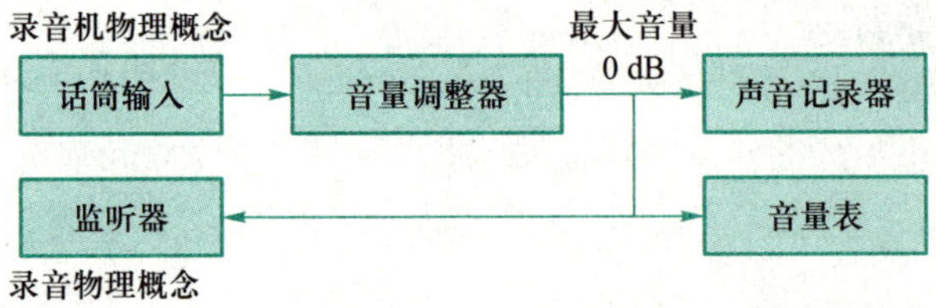

图10–1 录音物理概念

一、观测仪表数据，正确读取信息

仪表可以帮助录音师从客观上直观地判断声频信号质量，观察录制声音信号电平及信号间的相关性和相位关系是否正确。

1. 音量表

音量表是声音信号监测的专用仪表，有助于我们更视觉化地监视声音信号的大小，使用最广的是音量电平表（VU表）和峰值电平表（PPM表）两种。

音量电位表（VU表）如图10-2。

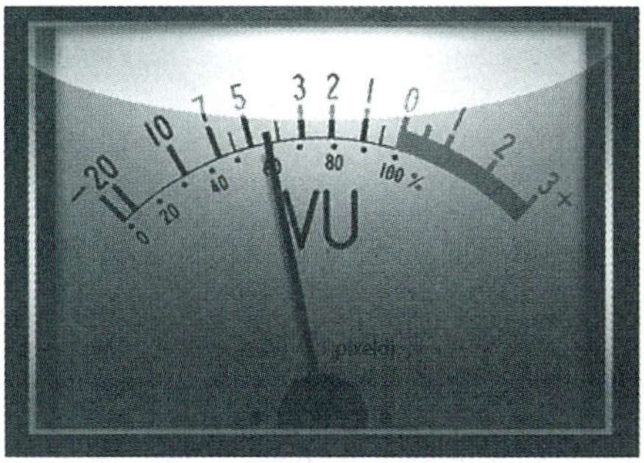

图10-2 音量电位表（VU表）

音量电位表所指示的信号是准平均值电平，它的信号指针是缓慢上升的，所显示的数值与实际听到的音量响度大致是一样的。它的缺点在于，表指针上升得慢，导致不能及时地反映声音信号的幅摆峰尖情况，致使一些偶尔失真的信号无法显示出来。VU表通常用于后期的缩混工作中，用来指示缩混后的节目信号电平，这样可以提高节目的整体响度，改善信噪比。

峰值电平表（图10-3、图10-4）很好地弥补了VU表的不足。人耳对信号失真的感觉是有一定限度的，对信号的瞬间失真是感觉不出来的，峰值电平表最大的特点在于指针上升快、恢复慢，能比较真实地反映声音信号的准峰值变化，通过其指示可以观察记录介质是否出现峰值过载失真的信息。在录音过程中，峰值信号的最高值应控制在-10 dB～15 dB。

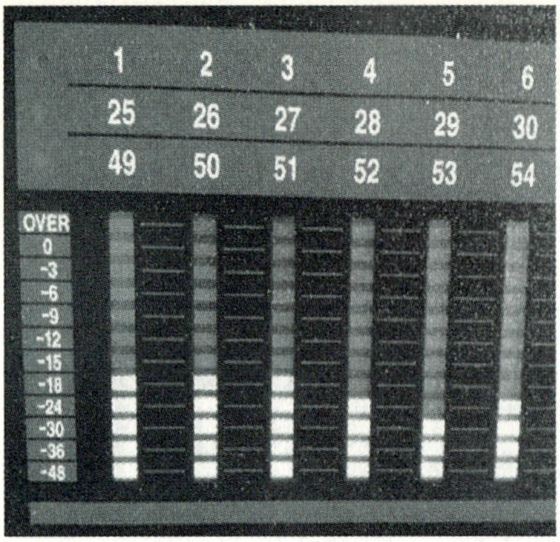

图10-3　峰值电平表（PPM表1）

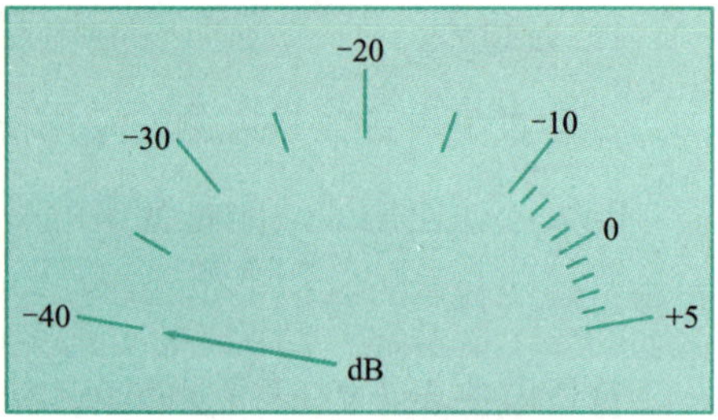

图10-4　峰值电平表（PPM表2）

2. 声音相位表（图10-5）

声音相位表用来描述讯号波形变化的度量，通常以度（角度）作为单位，也称作相角。讯号波形以周期的方式变化，波形循环一周即为360°。声音相位表就是只管现实这些数据信息的仪表。为了满足学习者不断提升的听觉审美要求，有些高质量的MOOC教学影片被制作成了立体声的模式。立体声相位表显示的是左、右立体声输出信号间的相位关系。在声音相位表中用信号间的相关系数来表示信号间的瞬间相位差。在MOOC教学影片的录制中，如果录制立体声的信号，可以利用相位表来判断声道之间或传声器之间的相位关系。通常立体声节目的相位表读数在0.5至0.7之间，如果指针为-1，则表示反相，这时要检查传声器架设的位置是否合适，传声器的接线是否接反了，并解决相位问题，以避免相位抵消影响声音的正常采集。

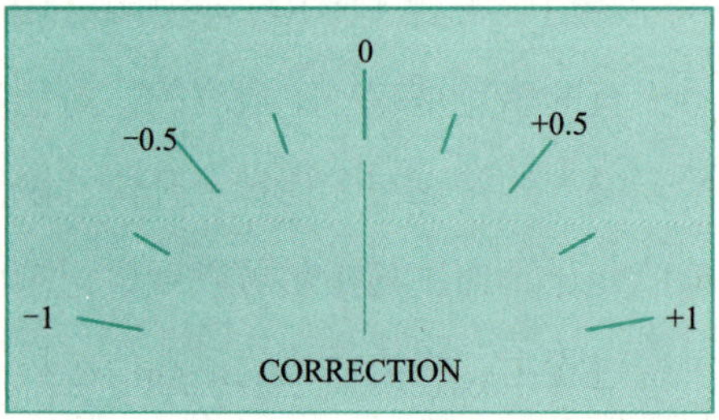

图10-5　声音相位表

二、做好监听工作，确保万无一失

监听是录音师及制作人员对音质进行主观评价的手段，在录制声音时要谨慎地监听，及时发现现场录制过程中出现的如相位问题、啸叫问题、现场噪声问题等。

1. 监听声音信号源

监听声音信号源可分为带前监听和带后监听两种。带前监听，录音师能够判断出调音台送给录音机的信号质量；带后监听，录音师可以判断录音机记录的信号质量，可告诉你录音结果，并且确定你到底录了什么。

2. 监听方式

监听方式有两种：耳机监听和音箱监听。

耳机监听：在未配有单独的控制室的情况下，或是在嘈杂的环境中，采用耳机监听。有时在控制室中也采用耳机监听，避免控制室中环境对监听造成“二次声场”的影响，但是长时间地使用耳机监听会使人产生听觉疲劳。

音箱监听：若配有单独的控制室，音箱监听是其主要的监听方式。首先，用音箱监听声音，在一定时间内避免了用耳机监听所产生的听觉疲劳。其次，采用近场监听及远场监听两种不同方式，可以保证所制作的节目在任何设备上都能再现出正确的音质和混合。

第二节　影片录音器材配备方案

MOOC教学影片所涉及的录音工作责任重大，所需器材的选配要以简便实用、价廉物美、效果优质的器材为原则，需要录音师制定出整体配套工作方案，以达到最佳效果。

一、MOOC教学影片录音器材选择

1. 调音台

采用一级调音系统进行录制时可使用一个数字调音台，如雅马哈（Yamaha-01V96i）数字调音台。

采用二级调音系统进行录制时可使用两个模拟调音台，如两个雅马哈（Yamaha-MG166CX）模拟调音台。

2. 数码处理器

数码处理器的作用是信号处理及扬声。它包括多路输入、输出端，其内置均衡器、压限器、陷波滤波器。如DBX PA数码处理器就具备多种功能，性能稳定。

3. 反馈抑制器

在现场扩声过程中啸叫是最易发生且最影响现场及录制效果的现象，独立的反馈抑制器能够更好地控制啸叫的产生。如DBX AFS224双通道反馈抑制器。

4. 电源时序器

电源时序器可确保整个声音设备电系统的稳定，保护设备。可选择1台LAX PSC801B 电源时序器。

5. 音箱及功率放大器

（1）扩声系统

音箱：JBL MRX515，2只。

功率放大器：CROWN XlS402D，1台。

（2）监听系统

雅马哈MSP7-STUDIO有源监听音箱。

（3）返听系统

在大型会场中，有时会使用到返听音箱。可选择2只 LAX AT12M音箱，1台LAX R811功放。

6. 传声器

（1）有线话筒

舒尔SHURE MX412S/S鹅颈会议话筒一个。

（2）无线话筒

配备两套手持无线话筒，建议使用舒尔SHURE BLX288/PG58，它属于双通道系统，一拖二无线话筒。手持领夹话筒四套，建议使用SHURE PGX14/93，它属于无线领夹式全向型拾音模式话筒。

7. 监听耳机

可选用AKG K271或是铁三角ATH−M50x头戴式专业监听耳机。

二、MOOC教学影片录制传声器的选择

传声器作为声音的“源头”，其质量直接影响整个声音信号的质量。除此之外，音频信号的传输方式也对声音信号有着直接的影响。因此，在选择高质量的传声器的基础上，我们还应当注意传声器传输的两种方式：有线传输、无线传输。这就涉及两种不同传输信号方式的话筒：有线话筒、无线话筒。

有线话筒：用平衡卡农线缆连接信号的有线话筒，能够保证声音信号的稳定、无杂音的传输。在主讲及嘉宾位置固定的情况下，为保证信号稳定，多采用有线话筒，如鹅颈话筒或是有线领夹式话筒。

无线话筒：在演讲人的位置不固定的情况下，为保证演讲人的便利性及讲台的美观，多采用为无线话筒。无线话筒主要分为手持无线话筒、领夹式无线话筒、头戴式无线话筒。教师使用这三种无线话筒均可，在与现场的学习者互动时多采用手持无线话筒。

为了保证所录制声音的“纯净”，在MOOC教学影片的拍摄中无论是有线话筒还是无线话筒，最常用的是心型指向性话筒，并保证话筒尽量不指向音箱，以避免啸叫的产生。

三、MOOC教学影片录制扬声器的选择

扬声器是电声转换设备，它通过机械系统推动空气震动，将电能转换成声能，它是扩声系统中的最后一个环节，在音频系统中有着至关重要的地位。

1. 按供电方式分

音箱按供电方式可分为有源音箱、无源音箱两种。有源音箱和无源音箱的区别在于无源音箱需要单独的功率放大器进行供电。在小型的演播厅里多采用有源音箱进行声音播放；在大型的剧场中需要单独供电的无源音箱进行声音播放，因为此方式可以将声音进行大功率的还原，以保证剧场中的所有人都能够清晰地听到声音。

2. 按功能分

音箱按功能分为：返听音箱、扩声音箱、监听音箱。

（1）返听音箱（图10-6）

在大型会场进行MOOC教学影片的录音工作，为了避免过于嘈杂的现场环境影响演讲人的正常听音，需要摆放返听音箱辅助演讲人的听音。

（2）扩声音箱（图10-7）

在有现场学习者参与的课程中，为了保证现场学习者都能听到录音师所希望听到的声音，需要用扩声音箱进行声音信号的播放。

图10-6　返听音箱

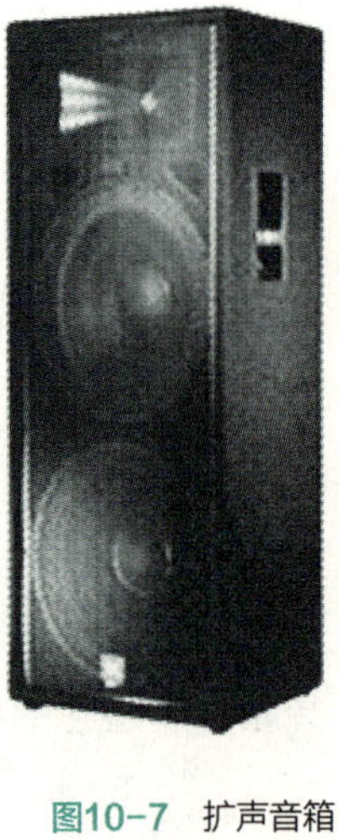

图10-7　扩声音箱

（3）监听音箱（图10-8）

在录音师录制声音的过程中，为了确保所录入声音信号的质量，在录制室中，需要配备监听音箱进行监听。

四、MOOC教学影片录音周边设备的选择

1. 声音效果器（图10-9）

数字声音效果器包含了各种不同种类的可调参数，其中包括混响、延时、压限、均衡等。它可用在扩声以及后期制作中，用于润色声音信号。其中具体参数的设定根据现场情况以及录音师的偏好自行设定。

2. 反馈抑制器（图10-10）

反馈抑制器的作用是避免现场扩声过程中的啸叫。啸叫产生的原因是，播放传声器信号的扬声器系统，其播放出来的信号通过不同途径重新进入传声器，与传声器的输入声信号相叠加，当相位相同时产生梳状滤波效应，部分频率产生更强的声音信号输入传声器中，如此反复，引起扩声系统的自激震荡，产生了扩声系统中的声反馈啸叫。

反馈抑制器可以自动跟踪反馈点频率，并且可以自动调节Q值带宽，好的反馈抑制器可以用极窄的Q值对反馈点频率进行陷波处理，以保证不会对现场音色产生影响。

图10-8 监听音箱

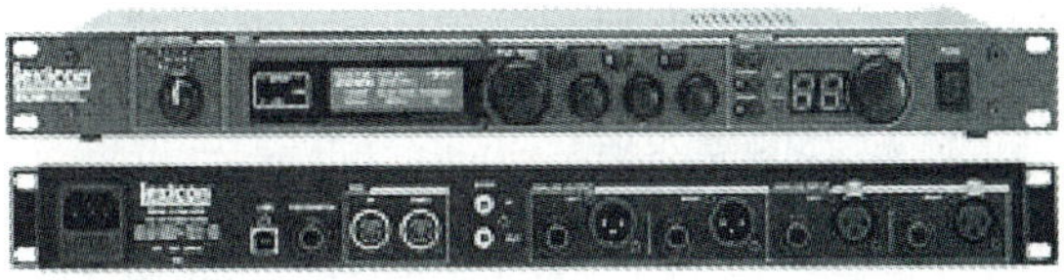

图10-9 声音效果器

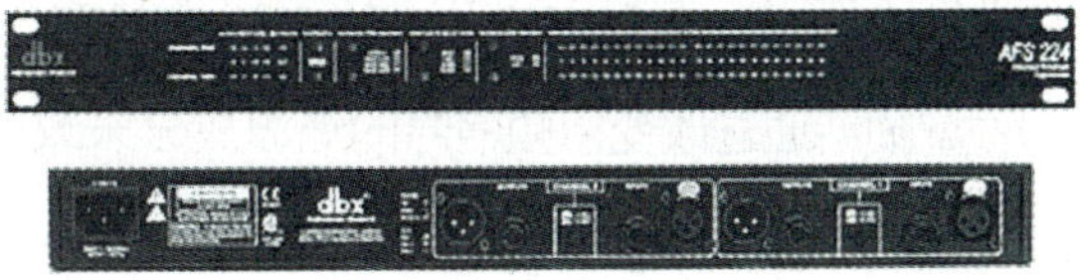

图10-10 反馈抑制器

3. 均衡器（图10-11）

扬声器的频率响应特性是扬声器重要的指标之一，扬声器的频率响应是用曲线来表示扬声器输出声压级与声音频率的关系的，理想的频率响应曲线应该是平直的。扬声器的频率响应曲线除了受扬声器本身的特性影响以外，还受所处的扩声声场影响，声场的声学环境会导致部分频率音量的抵消或加强，因此，需要均衡器来调节，以获得扬声器平直的频率响应曲线。

在后期的制作中，也可以使用均衡器来调节声音信号，如削弱部分低频可以使得声音更加清晰，也可以提高高频使得声音更加明亮，具体参数可根据节目需要进行调节。

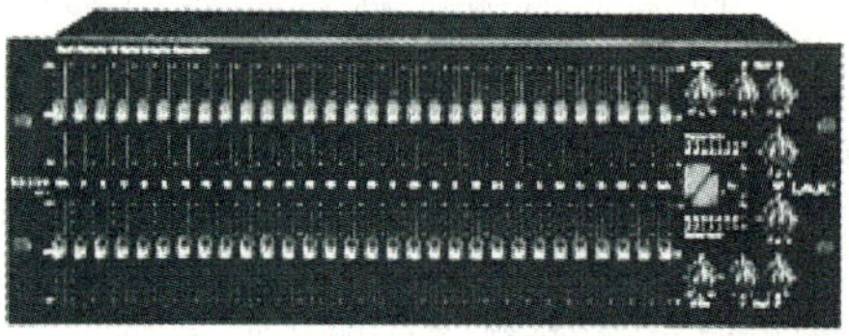

图10-11 均衡器

4. 压限器（图10-12）

压限器，即压缩器与限制器。在MOOC教学影片的声频处理设备中，压限器是常用的振幅处理设备，压限器处理的对象是声频信号的动态范围。

在MOOC教学影片的拍摄过程中，声音信号的忽高忽低会导致低电平信号无法被清楚地听到。高电平信号过于突兀，压缩器能使音频信号的电平趋于稳定状态。而限制器的作用，在于保证声音信号的峰值不超过所设定的数值，避免信号失真。

5. 激励器（图10-13）

根据心理学的研究，人们对于复杂多变的声音细节的感受以及对声音明亮度的感受，在很大程度上依赖声音的高次谐波。

激励器通过改变声频信号的谐波成分来改变音色，它可以选出信噪比较高的频段进行谐波再生，加强信号中的中、高频成分。在进行扩声时，用听觉激励器处理声音后，可使声音清晰，但并不会使输出电平提高得很多，而人耳主观感觉声音变响了，同时也不会加大声反馈。

6. 电源时序器（图10-14）

在音频系统中，各个设备的开关顺序会影响到设备的使用寿命及系统的正常使用。电源时序器能够按照从前级到后级设备的顺序依次启动电源，关闭电源时则按照从后级设备到前级设备的顺序。在音频系统中安装电源时序器可避免人为操作过程中的失误，确保设备安全及整个供电系统的稳定。

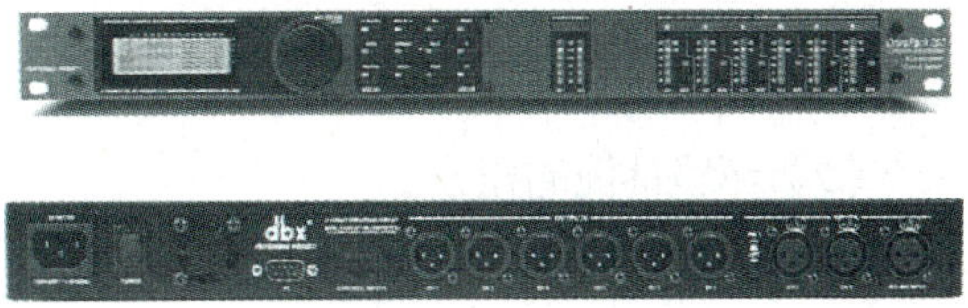

图10-12 压限器

图10-13 激励器

图10-14 电源时序器

第三节 三类教学场地的录音方案

MOOC教学影片的录音师需要因地制宜，根据不同的教学场地，配备不同器材，制定不同的录音方案。在这一节中，我们针对常规教学场地、小型演播室、大型演播厅给出行之有效的录音工作解决方案。

一、常规教学场地录音方案

常规教学场地是指专门为教学建造，不具备特殊隔音装备的MOOC教学影片拍摄空间。在这种环境条件下，进行MOOC教学影片的录制工作，录音师可以根据以下方案进行操作。

1. 传声器的摆位

（1）演讲话筒的摆位

在MOOC教学影片的拍摄过程中，主话筒被定义为主讲教师使用的话筒。当课程有多位主讲教师并使用两个以上传声器（话筒）拾音时，两个传声器之间的距离必须大于传声器和使用人之间距离的三倍。由于多个传声器一起拾音会导致干扰，直接结果是产生啸叫，采用3：1的传声器摆放原则，可以将传声器相互作用所产生的相位抵消问题降到最低程度（图10–15）。

（2）环境话筒的摆位

除主话筒外，还需配备环境话筒，以拾取现场学习者坐席中的声音，力求更好地还原现场感。环境话筒即拾取现场环境音所使用的话筒，为了还原现场感，会使用辅助话筒来拾取观众席的声音，多使用指向性话筒，那么在使用时就要依照指向性话筒的特点，将话筒的振膜指向现场学习者的坐席。

2. 扬声器的摆位

（1）扩声扬声器的摆位

为了保证现场学习者能正常听音，避免啸叫的产生，现场扩声扬声器应摆放在传声器之前，此方法可使再次进入传声器中的扬声器声音信号降低到最小，避免声音信号的“闭环路”。

（2）返听扬声器的摆位

为了保证演讲人能正常听音，返听扬声器放在舞台边缘，振膜指向演讲人。

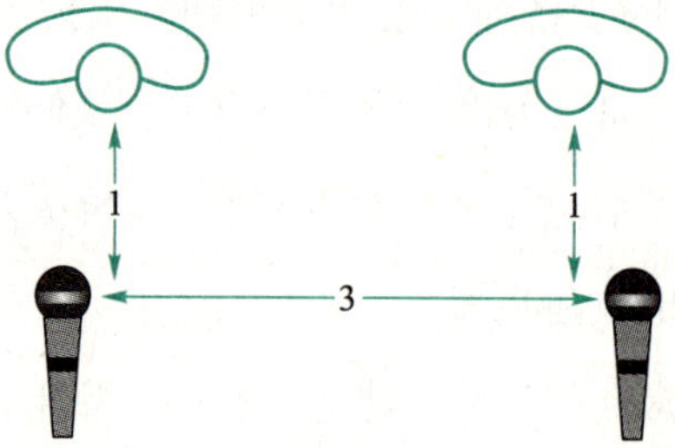

图10–15 两个话筒的相位示意图

（3）监听扬声器的摆位

监听扬声器用来辅助录音师监听现场录制的声音信号，保证声音信号无杂质、无噪声。监听扬声器摆放在录音室中。

3. 系统设备摆位图

由传声器装置和扬声器装置所组成的MOOC教学影片录音设备系统摆位方案如图10-16所示。教师的扩声扬声器对称地安置在演讲区左右两侧。返听扬声器置于教师演讲区与现场学习者坐席之间的区域。用以拾取环境音的话筒，布置在观众席中间区域的左右通道两侧。教学场地后侧摆放一对监听音箱，最好置于控制台与观众席之间的区域。依照此方案安置设备可以得到优质的现场录音效果。

二、小型演播室录音方案

小型演播室是指可容纳200人左右的，音响、灯光等设备达到演播室等级的MOOC教学影片拍摄空间。在这种规模的教学场地进行MOOC教学影片的拍摄，建议调音师使用“一级调音系统”。所谓一级调音系统，是指现场扩声及声音录制通过同一个调音台进行信号传输，此种调音台需具有二层控制界面，包括双层均衡、双层电位器的模拟调音台，或具有可在调音台内部自由分配线路的数字调音台。

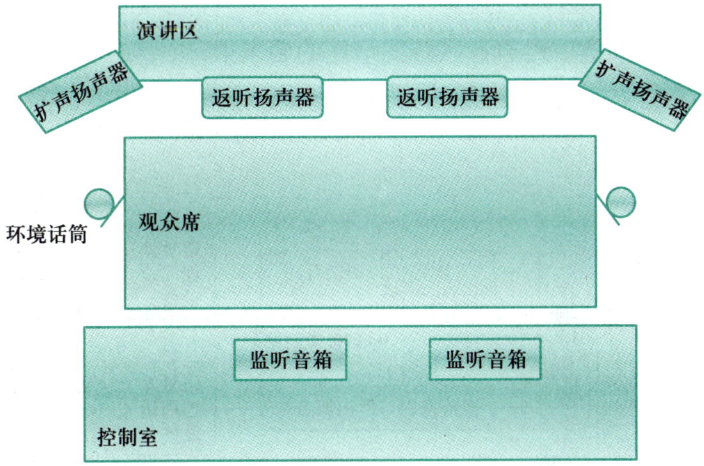

图10-16 系统设备摆位图

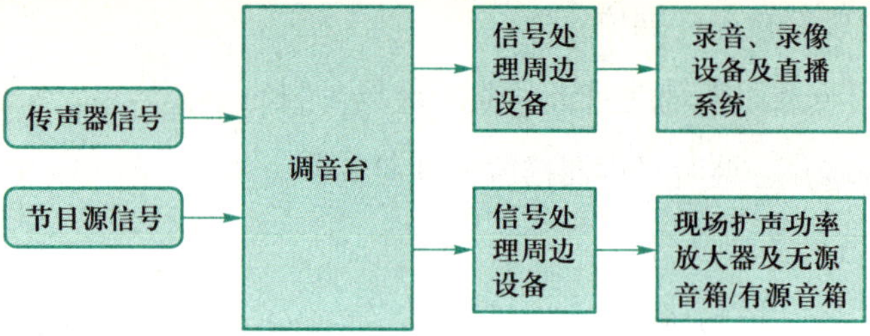

图10-17 一级调音系统录音方案

小型演播室由于场地较小，观众数量有限，为了还原音质和录制便捷，录音师使用一级调音系统会更为得心应手。但一级调音系统的缺陷在于，不具备备份功能，以至于安全系数不是很高（图10-17）。

三、大型演播厅录音方案

大型演播厅是指为完成超级公播课等特殊教学任务的，可容纳200～1 000人的，音响、灯光等设备达到大型演播室等级的MOOC教学影片拍摄空间。在大型演播厅进行MOOC教学影片的拍摄时，建议调音师使用二级调音系统（图10-18）。所谓二级调音系统，即现场扩声与制作播出的声音信号分别用单独的调音台进行控制，这种系统设计，可以在两个调音系统之间建立一个双向的互联链路。相较于一级调音系统，其最大的优势就在于具有双调音系统互为备份的功能。

因为大型演播厅对声音系统安全性的要求很高，为应对这样的录音工作任务，保证系统的安全，可以选择二级调音系统。

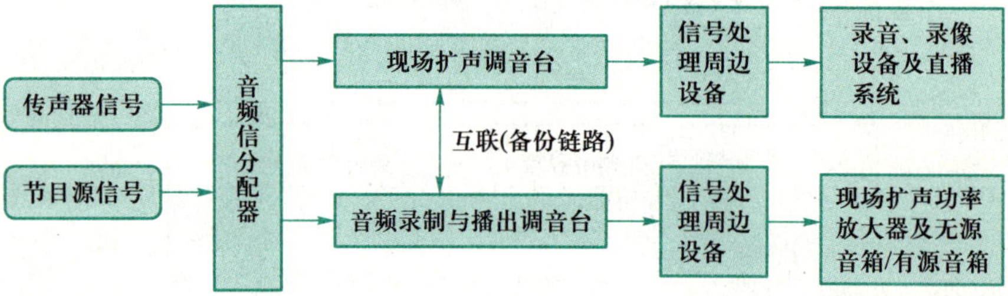

图10-18 二级调音系统录音方案

第四节　影片录音工作流程

MOOC教学影片因影片拍摄的场地规模和条件不同，对录音工作的要求也各不相同。在超级公播课的千人会场和在普通教室中录制MOOC，录音工作的难度也有很大差异。对于MOOC教学影片而言，让在线学习者能够听得清楚是最基本的要求，因此录音师要协同影片制作团队的其他工作人员，查缺补漏，尽职尽责地完成工作，主要的职责包括：

（1）合理选配器材；

（2）录制“干净”的教师授课内容和师生对话；

（3）录音方位要与摄像机位置相互配合；

（4）录制额外的声音（根据课程内容的不同要求）；

（5）在摄制过程中与团队的其他工作人员交流声音问题。

录音师无论要应对什么样的挑战，都需要有条不紊地按照一定的步骤进行工作（图10-19）。课程一旦开始录制，录音师就要全力保障课程录制声音的完整性。

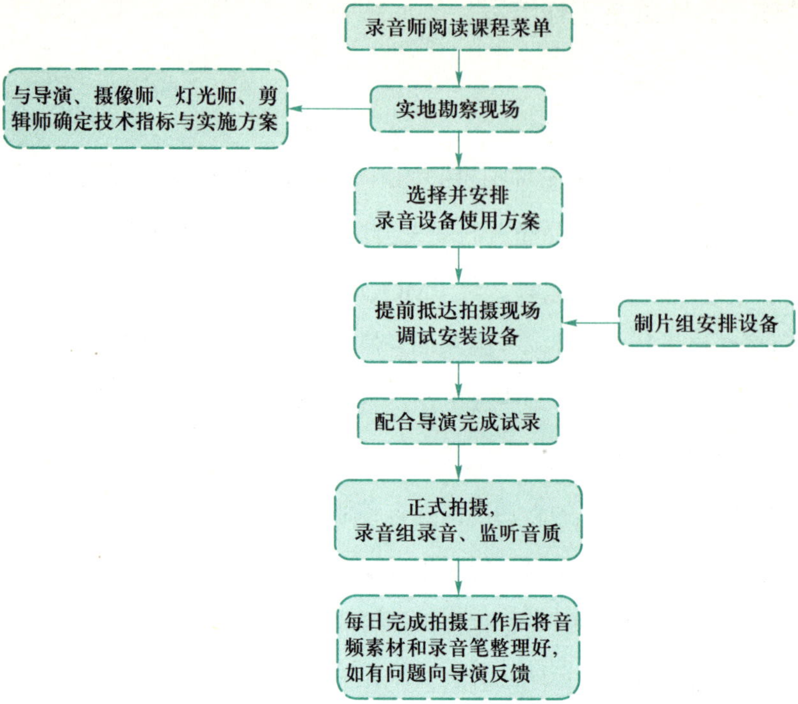

图10-19 录音工作流程

第五节 影片录音工作注意事项

为应对在MOOC教学影片拍摄现场出现的各种紧急情况，在这一节中我们对录音工作中可能遇到的问题加以说明，以便教师能提前做好预案，从容应对。

一、前期准备阶段录音师注意事项

（1）根据现场授课情况选择固定传声器或是移动传声器。

（2）确定MOOC教学影片摄制场地是户外还是室内，以合理配置相应的器材。

（3）在课程录制期间的气候因素也可能直接影响到录音的效果，在极寒、酷暑和潮湿天气下，要对设备器材妥善保管，拍摄前一工作日完成调试工作。

（4）针对不同学科的课程是否需要录制额外的声音，比如音乐类、表演类、影视类等课程。为保障音频素材的高质量，录音师要提前与主讲教师沟通，合理安排录音任务。

二、勘察场地时录音师注意事项

（1）实地测量MOOC教学影片摄制场地空间的大小，因为这直接影响到所要准备的缆线长度和话筒的选择、摆位等问题。

（2）勘察摄制场地的声学特性如何，是否会产生无法消除的影响听音的混响声音。如有上述问题，及时提醒导演更换教学场地。

（3）确保主要的窗户能否隔离街上的交通噪声。仔细确认是否存在嘈杂的声音源，如果有，请提醒教务人员在录制时间段切断噪声源。在录制MOOC教学影片时段请一名教务员负责维持现场秩序，确保安静。如不符合上述要求，及时提醒导演更换教学场地。

（4）准备多根双卡农及大三芯转卡农的平衡线缆，确保信号的正常输入与输出，在调音台与话筒距离较远或是调音台与录音设备较远的情况下，备份的卡农线可做延长线使用（图10−20、图10−21）。

（5）准备监听耳机及小三芯转大三芯的转换接头，便于在声音信号录制过程中用耳机进行信号监听（图10−22、图10−23）。

（6）准备多节电池放在身边，以应对可能出现的情况，特别是5号和9V电池必不可少，因为这是无线话筒会使用的型号。

（7）准备几个插线板，以备给器材供电使用。

图10-20　双卡农线

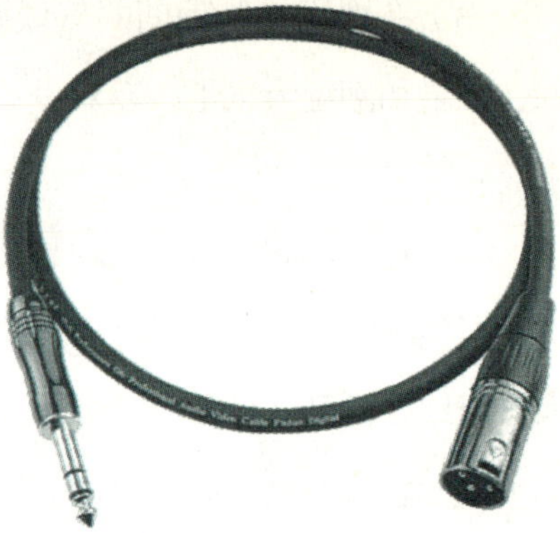

图10-21　大三芯转卡农

图10-22　监听耳机

图10-23　小三芯转大三芯的转换接头

第十一章

MOOC剪辑工作手册

剪辑工作是MOOC教学影片的后期环节。在影视艺术创作领域，剪辑被称为第三度创作，对于MOOC教学影片而言，剪辑的要义是揣摩学习者收看的心理，将课程的信息传递正确。以课程内容为主线，在让学习者听清楚、看清楚的基础上适度地切换画面，不要因长时间停留在同一机位、同一景别的画面，使学习者产生视觉疲劳，也不要去追求过多的画面变化而有意无意地打断学习者接收教师传递的知识信息。在这一章中，我们重点介绍的不是某个剪辑软件的使用方法，而是适合MOOC教学影片的剪辑方案。

第一节　影片剪辑工作原则

剪辑的核心技术是蒙太奇。库里肖夫的剪辑原理是通过本来不连续的镜头和镜头之间的连接，在“镜头接缝”中可以创作出特定的气氛和语义，这就是“蒙太奇”。简而言之，蒙太奇技法是“见到某种组合，便见到某种语义”，这就是影片剪辑的基本原理。非线性编辑的概念加入了音效的成分，可以在计算机上添加多条音轨，对教师台词声音、音乐轨道、背景声、效果声分别进行处理。

MOOC教学影片剪辑工作原则就是帮助教师在后期环节中再次对教学内容做出取舍，决定省略什么，突出强调什么，就是从素材中抽取必要的部分，作为组件重新排列，以使其相互吻合，增加效果，构成一个鲜明的课程叙事结构，并且强调课程影片的影调。

MOOC的授课进程即通过对素材的“切分”“连接”“匹配”“添加”等手段来达到省略和强调的目的，从而在影像中赋予特定意义，并且还要符合“起、承、转、合”及与课程教学相匹配的叙事节奏，推进在线学习者在流畅、自然、层层深入的情况下学习知识。

影像具有多义性，镜头自身无特定的意义。如果镜头放到影片中一定位置上就好像造句中的单词经过拼接，会产生强大作用，并具有一定的性格。因此我们在学习剪辑的过程中，应该学会识别镜头功能，进行分类，分清每一种镜头的作用。老练的导演常常让镜头“一石二鸟”“以少胜多”。在MOOC教学影片的剪辑过程中可将镜头分类如下：

（1）交代镜头：说明课程、教学场地、学科类型、教师及学生情况。

（2）强调镜头：同一物件，通过不同角度的镜头连接（一般需要避免）。

（3）顺序镜头：从人物（教师或学习者）切入与内容相关的镜头。

（4）反应镜头：相关人物的反应镜头（顺序镜头之一）。

（5）插入镜头：调整节拍。

（6）主观镜头：从观看MOOC教学影片的在线学习者角度出发的影像。

（7）动作镜头：与人物活动相关的一个动作镜头。

（8）知识指向性镜头：形状和动作类似的镜头连接。

将这些不同功能的镜头重新组接，形成完整的课程教学影片，使在线学习者在轻松的视听环境中完成MOOC的学习任务，这就是课程影片剪辑的工作原则。

第二节　影片剪辑工作流程

剪辑师从导演手中接到所有的影片素材，同时作为剪辑师要掌握一份导演提供的“课程菜单”。作为从教学计划变身而来的文本，“课程菜单”应该明确地记录课程进程的各个环节。剪辑师以“课程菜单”为蓝本，以教师台词为准绳，粗剪结构，完整影片结构的搭建过程，秉承课程自身规律，符合叙事性原则。精剪的过程要根据三镜头拍摄法则为在线学习者营造全景课程空间。MOOC教学影片的声音最为重要，在剪辑工作的最终环节，要将声音统一调整，以保证成片中声音的响度保持平衡，便于学习。为了确保网络传播环境中声音质量较高，最好先进行一次上传视听检查。完成了以上工作环节之后，剪辑师再进行一次细致的检查，合成后通过审查，交给网络技术人员，上传至MOOC平台。剪辑工作流程如下页图11-1。

剪辑师有流畅的剪辑技术，配合系统的剪辑方案，会大大提高MOOC教学影片后期剪辑的工作效率。下面依照图11-1，就关键环节介绍影片剪辑工作，希望有助于指导剪辑师配合导演从营造影像风格的角度共同努力，完成后期剪辑任务，提升影片质量。

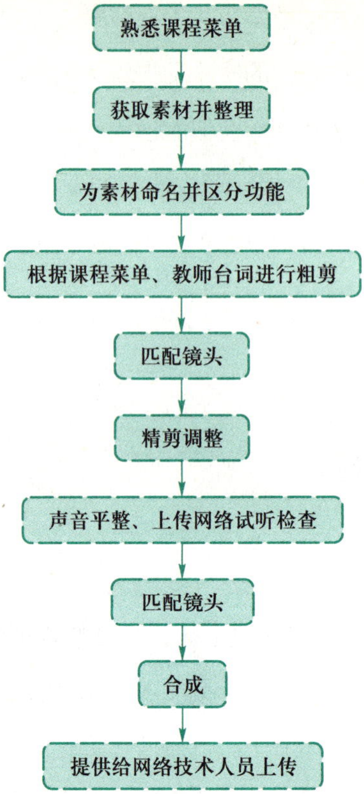

图11-1　剪辑工作流程图

一、分类筛选素材

摄像师拍摄到的素材需要由剪辑师进行“镜头语言再识别”。MOOC教学影片音视频素材的选择和镜头用途分类工作必不可缺。因为镜头自身并无特定的意义，所以只有在将其放置在影片的一个段落之中才会显现其作用。剪辑师在进行拼接时，要重新定义镜头，为了提高效率，应该按照镜头用途把素材作出大致的分类，如表11-1：

表11-1　镜头分类表

镜头分类	操作方法
失误镜头（no good NG）镜头	扔掉
备用镜头	保留

镜头分类		操作方法
必要镜头	场景交代镜头	作为主镜头用于课程中心
	细节镜头	完善主镜头
	交代镜头	说明授课环境和教学设计
	装饰镜头	作为插入镜头用于调整节奏

二、建立逻辑关系

剪辑师对镜头分类处理之后，就将进行大块面的镜头排列。在这一阶段，剪辑师以课程菜单为蓝本，建立影片逻辑结构，从建构一个教学场景开始，具体按照以下三个步骤执行。

1. 强调逻辑结构

剪辑师应该将主要精力放在构建课程骨架上，使“起、承、转、合”的课程脉络清晰明确，做到统筹兼顾、顾全大局，避免将自己陷入“死抠细节”的怪圈之中。

2. 确定主镜头

场景由镜头构成，镜头之间需要呈现出因果关系（表11-2），归纳起来包括两类，其一是先因后果，其二是先果后因。剪辑师要清楚地知道，学习的过程是可以由教师引导，逐步启发，层层递进的，这是先因后果的关系。同时教师也可以让学习者先看到结果，然后一步步求索、论证、寻找原因，这是先果后因的关系。

表11-2　两类场景构成

构成方法	进入方法	优点	缺点
原因—结果	静态场景，说明情况	按逻辑展开，容易理解	平凡，趣味性差
结果—原因	动态场景，从行动切入	引人入胜，意外性强，冲击力大	语境不定，容易混乱

3. 添加细节镜头

剪辑师可以先确立教学场景主镜头，再为其添加细节镜头，这样主次分明，逐渐完成一个场景建设的任务。

三、粗剪搭建结构

在MOOC教学影片粗剪中，剪辑师可以挑选使用得最熟练的后期制作软件，将素材大批量导入剪辑视窗，计算机可以标记出正确的起点（in point）和终点（out point），以此来显示所要使用的片段的确定长度。一旦标记好画面的起点和终点，注意要把画面放到第一视频轨道，声音放在第一音频轨道，把这段样片用鼠标拖曳到时间轴上去，就可以预览了。如要加入音乐和转场的话，可以按照先前的做法，把这些声音或效果加在时间轴上。就这样一个片段连接一个片段，当看到时间轴上所有素材剪辑呈现的效果时，剪辑师就基本完成了粗剪工作，搭建出了影片的结构。在“课程菜单”清晰、导演指导准确、摄像拍摄有序的情况下，一节15分钟的MOOC教学影片，剪辑师可以在大概3个小时以内完成粗剪工作。

四、精剪打磨细节

在构建完成MOOC教学影片的结构后，剪辑师对影像素材进行合理、充分的利用，这便进入了精剪阶段。剪辑师可在镜头梳理中精剪打磨细节，在确定因果关系的基础上，保持镜头的连续性，在镜头之间增添色彩，不断地完善影片。此时更需要剪辑师的耐心、细致，对镜头查缺补漏，优化整合，最终使影片达到融会贯通的效果。

1. 建立“三维剪辑”观念

作为MOOC教学影片的剪辑师，要学会从课程素材之中发现亮点与引人入胜之处，这其实就是剪辑的工艺美学。一些特殊的课程尤其是艺术类课程如音乐、舞蹈、戏剧类，适当地进行音效加工，那会有很大程度的加分，使MOOC教学影片往教学精品水平挺进。剪辑不局限于脚本要求，需要对拍摄的素材“再识别”。传统剪辑师在时间轴线上安排镜头，这叫“一维剪辑”。剪辑师在安排镜头的同时常常需要考虑改变画面的颜色和运动，添加视觉效果和字幕，这就不是时间轴上的镜头安排，而是“二维剪辑”了。强化和赋予课程某种语境，这涉及影片的音响设计，操作性很强，在剪辑中如果考虑声音，那么就成了“三维剪辑”（图11-2）。

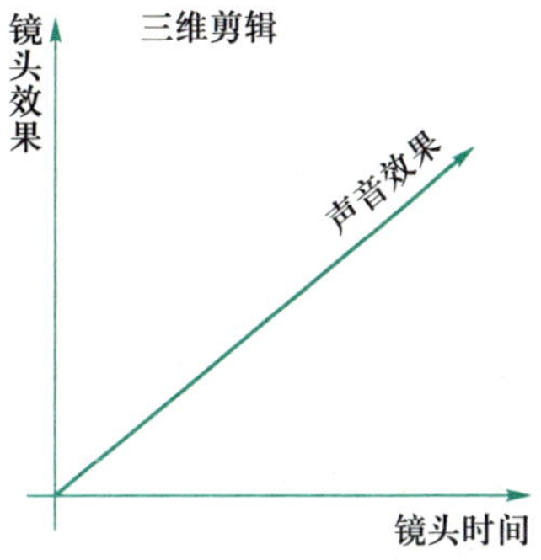

图11-2　三维剪辑示意图

2. 讲究镜头的连贯性

在剪辑手法上有按照人物、时间、空间连续性的剪辑，也有跳跃性的不连贯的剪辑。剪辑师可以利用这两种完全相反的剪辑组合制造产生不同效果（表11-3）。

表11-3　剪辑的节奏

剪辑种类	意义	特征
前后连贯	文脉流畅，因果关系明显	有时感到平易、无趣
前后不连贯	转折对立	镜头突兀却要考虑声音连续

在剪辑中要注意人物和位置的连续性，例如：师生的衣服颜色发生突然变化，课程道具自行移动了位置等，这种失误叫穿帮。在拍摄现场，场记的任务就是明确记录每个镜头中的人物、情景，杜绝此类失误的发生。因为MOOC教学影片通常都是10～15分钟的短片，所以剪辑师在工作中保持镜头间的动作连续性、时间连接、视线连接、颜色连接并不难。

3. 掌握镜头的松紧尺度

今天的MOOC学习者对影像的感受和理解日益进步，网络学习要动用太多的感官功能，并且要高度集中注意力，剪辑师最好体现出专业的素养，让影片在可看性上加分。一段经过精剪处理的影片，应该是由一组逻辑脉络清晰、节奏平稳、顺畅连续的镜头组成的。镜头和镜头的组接在有限空间之内如果需要转场，要选择变化量大的组接方式，细微的变化容易让观众误认为是拍摄失误造成的抖动。因此剪辑师要掌握好挑选镜头的松紧适度，两个连续画面的变化量必须大于20%以上，让观众明显感觉到是转场而不是失误。在剪辑中为了确保流畅性，摄像机的角度变化应该大于30°，从而造成两个连续画面中的同一物体变化量大于20%，提示观众这是转场而不是画面抖动（图11-3）。

可行的办法是在精剪阶段，剪辑师在操作时要严格区别素材镜头（SHOT）和剪辑镜头（CUT）。“素材镜头”是摄像机记录下来的片段，是摄像素材单位。“剪辑镜头”是指从摄像素材中“识别”出来的有用的片段，是剪辑要素单位。

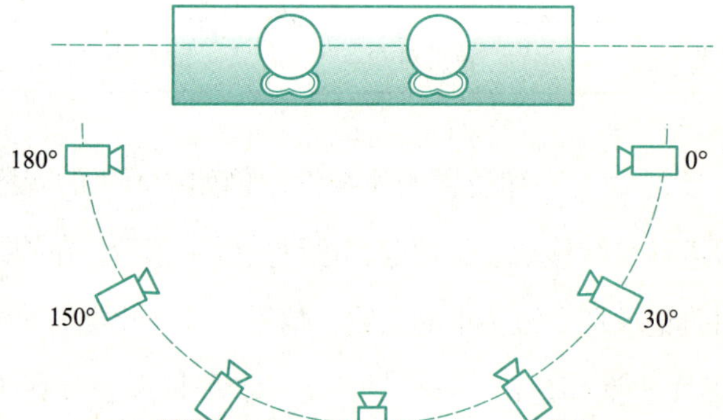

图11-3 连续镜头的“变化量”

4. 重视台词的蓝本作用

在MOOC教学现场中，一定会有师生间对话的镜头，正打、反打，是用两个机位拍摄的。在剪辑时如何把两个机位的镜头组合在一起，这是要妥善处理的问题。

剪辑的基本方法是依托台词蓝本，谁说话，镜头给谁。师生之间，一问一答，按照说话人的声音切换镜头。如果在两个人对话非常短促的情况下，例如，A："你认为这种现象合理吗?" B："不。" A："是你，怎么办?" B："没想过。"对话的语境如果是这么短促，视频画面配合问答来回地进行切换剪切，会让整段影片细碎地无法观看。实际上在现场学习者发言还没有结束时就可以早一点切入另一个人的镜头。这种手法，不是把说话的影像切开，而是为了让在线学习者观看影片的时候将注意力集中到这句话听者的身上。另外不仅让在线学习者看到说话人，也让其看到听话人的情绪反应，这样可以完整地表现人物心理和思考的表情。

此外，还要注意台词的同步和非同步组合，这是故事对话情境中经常使用的剪辑技巧。说话人的脸部与声音的组合称为声画同步镜头。听话人的脸部和说话人的声音组合称为非同步镜头。如果剪辑师要特意展示听话人的表情，切入瞬间，说话人成了配角，而听话人便成为主角，学习者自然而然地会去揣摩听话人的心理，这就是台词的非同步效果。

第十二章

超级公播课直播工作手册

随着信息技术飞速发展，MOOC的传播效力也不断增强，超级公播课（Meta-MOOC）应运而生。组织一场超级公播课的直播工作是一项非常复杂的工程，为了确保万无一失，需要多工种技术人员共同配合完成。这一章从实践范例入手，全景展示超级公播课的制作全过程。

第一节　超级公播课实践范例

超级公播课教学影片在网络平台上以多终端、多渠道的方式进行传播。这是与新媒体发展相互结合的趋势。进行超级公播课程（Meta-MOOC）现场直播工作，需要借助电子现场制作（Electronic Field Production，EFP）的工作思路，并且超级公播课的工作流程、任务分工、设备选择等都可以从电子现场制作中吸取经验。

2014年1月，美国杜克大学的凯茜·戴维森教授在Coursera上开设了“高等教育史与未来”课程。该课程注册学生约两万人，它的授课时间与戴维森教授在杜克大学面对面教学的课堂同步进行，并且在加州大学圣巴巴拉分校和斯坦福大学也有同步进行的分课堂。三个学校的教师同时教授这门课，共享阅读材料，让学习者互评作品，来自不同学校的学习者和教师组成了一个学习共同体。这就是超级公播课。

2014年3月起的春季学期，上海高校课程中心MOOC平台开设的“思想道德修养与法律基础”课程，由复旦大学等国内26所高校的该课程名师联袂教授，全国108个教学班，5 023名学生通过MOOC的形式选修该课程。多次的全国大课堂直播互动使该课成为超级公播课的实践范例（图12-1、图12-2）。面对这样的超级公播课的任务，需要借助电子现场制作的经验，运用多台摄像机按照预先规划好的工作任务，在导播的指挥和调度下不间断、高质量、流畅紧凑地抓取画面提供给导播进行取舍，后期制作无需耗费太多时间，随着课程的进行，电子现场制作团队可以同步完成精准的直播，课程结束后基本接近成片。MOOC教学影片要在保证课程完整性的基础上，照顾跨校、跨省学习者的习惯，考虑一定的观赏性，吸引学习者关注并引起学习兴趣。电子现场制作多机位摄像作业模式，最适合目前大规模现场直播的跨校、跨地区的超级公播课教学影片制作，以应对快速、实时、多变化的转播、录制任务（图12-3）。超级公播课的录制遵循以下步骤：

图12-1　“思想道德修养与法律基础”超级公播课页面

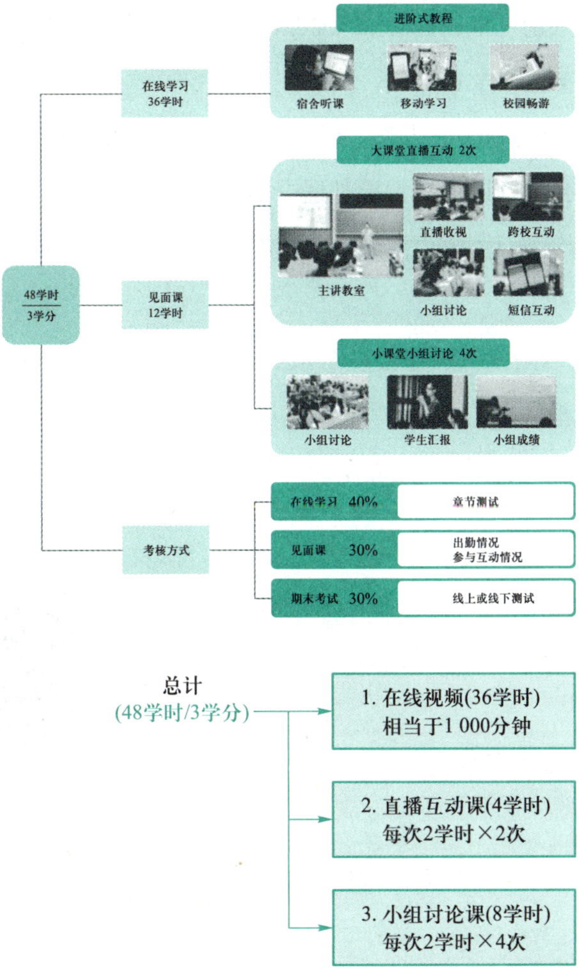

图12-2　“思想道德修养与法律基础”超级公播课学时分配表

图12-3 “思想道德修养与法律基础”超级公播课直播现场

（1）组建一支以导播为核心的精干的专业摄制队伍，明确分工与职责。

（2）进行周密的前期准备，导播与教师有效沟通，深入了解教学设计，提前勘察现场，根据需求配备器材。

（3）形成课程现场制作通告单，通过会议及个别沟通的方式，明确分工。导播还要制定预案，以解决拍摄过程中可能出现的问题。

（4）在导播的领导下，通力合作完成超级公播课教学影片的采、编、存、播任务。

（5）每次完成转播任务后导播要听取各工种的反馈意见，深度整合资源，配合教师对课程进行精加工。

（请扫描二维码，观看MOOC教学影片范例。）

玩转中国式MOOC
二维码

第二节　超级公播课传播模式

随着生产力的发展，人们对教育的个性化需求不断增强。MOOC得益于近年来计算机硬件和软件以及人与软硬件结合技术的发展。在硬件方面，计算机和服务器的存储能力有了惊人的提高。超级公播课极强的传播效力依赖教育云技术的发展。超级公播课通过集群技术、分布式文件系统、数据压缩技术、存储虚拟化技术、存储网络化管理技术等，实现了大容量数据传输，并将多种设备集合起来协同工作，实现结构化数据与文档、图片、视频、音频等非结构化数据的集中存储和共享，保证了系统的高效稳定运行。大数据处理系统利用云平台提供的大量的、弹性的计算资源将庞大的数据自动拆分成无数个小的部分，再由庞大的系统通过分布式算法分别处理后，将处理结果回传给用户，超级公播课的传播通过这些信息技术手段得以实现（图12-4）。

超级公播课运用云计算技术形成传播模式，MOOC服务提供者可以在数秒内处理数以千万计乃至亿计的信息，用较低的成本实现与超级计算机一样强大的数据处理和网络服务功能。在软件方面，因为云计算和云存储，大规模信息的采集、传输和处理得以实现，而且快速高效。在人—机方面，计

图12-4　超级公播课现场直播传播模式

算机的操作和人工智能技术有了巨大的突破。通过这些技术上的创新和突破，就可以将在线学习、社交服务、大数据分析、移动互联网集成为一体，实现大规模实时信息交流和互动，可以说，超级公播课现场直播传播模式正是在大数据、云计算和人工智能技术支撑之下得以建立起来的，这一波技术浪潮的推进和传播模式的兴起将教育从工业时代带到数字化时代。

第三节　超级公播课直播工作团队组建

一场跨校、跨地区的超级公播课教学影片制作任务，可以充分体现电子现场制作团队的合作能力，各工种技术人员服从导播指挥，发挥各自的专长和能力。

一、导播

导播在超级公播课教学影片制作前期，预制多机作业时提出方案。在课程实录阶段，导播对多机操作进行修正、指导，通过视频切换台（图12–5）进行实时剪辑。

图12–5　超级公播课导播视频切换台

二、导播现场录像助手

导播现场录像助手是导播与教学现场沟通的桥梁，通过对讲耳机传达导播的指令，帮助导播更好地专注于课程的剪辑加工。超级公播课教学影片拍摄的导播现场录像助手工作，完全可以由课程助教经过培训顺利完成。导播现场录像助手负责帮助摄像师持白板校准设备白平衡；帮助录音师和教师进行麦克风试音；帮助教师调试提示器的字号与行进速度；准备手持白板提醒教师课程倒计时；等等。

三、技术指导

技术指导在多机作业的工作流程中，要确保音频、视频设备硬件不出问题，确保高质量的音视频采集、存储、输出等工作顺利完成。技术保障人员必须在超级公播课拍摄工作开始前检测各类设备与器材；提示导播用彩条矫正监视器；在灯光师完成现场布光工作后，要主动配合摄像师进行所有摄像机的白平衡调试工作，最为关键的是确保多台摄像机的色调确保一致。

四、其他工作人员

为了应对超级公播课的工作任务，电子现场制作团队当中必不可少的还有摄像师、灯光师、录音师、化妆师和其他工作人员。一场成功的超级公播课的直播工作需要电子现场制作团队全体成员的通力配合。

第四节　超级公播课直播工作器材配备

超级公播课以一整套设备连接为一个拍摄和编辑系统，进行现场拍摄和现场编辑，它采用电子现场制作方式。电子现场制作是电视技术迅速发展的产物，起初它是一种适用于“野外”作业的电视节目生产方式。超级公播课的现场直播工作有赖于制作人和导播对工作器材合理的配备和应用。

一、超级公播课现场制作所需常规器材

为应对超级公播课的制作任务，必须配备一整套专业级的设备系统，包括三台以上的摄像机，一台以上的视频切换台，一个音响操作台及其他辅助设备（灯光、话筒、录像机运载工具等）。在准备阶段，导播需要勘察教学场地，了解课程教学设计，并逐一确认以下事项：

（1）摄像机数量三台以上，及电源、三脚架、摄像机地板、移动摄像车Dolly脚轮，灯光设备及麦克风；

（2）切换台设备，包括切换台、监视器、通话系统、摄像和控制单元（Camera Control Unit, CCU）摄像机控制系统、硬盘录像机及备份、音控调音台、示波器、记录媒体等；

（3）线材，包括多芯视频电缆线、声音缆线、细同轴缆线（Bayonet Nut Connector, BNC）等；

（4）转接头，包括BNC转AV、BNC转RF、XLR转PHONE等；

（5）摄像高台，线槽，地毯胶带，工具箱（各式起子、扳手、电表、钳子、铁锤、美工刀、束线带）等；

（6）电源稳压器、电源隔离器、电源转接头；

以上所有器材最好配备专用运输箱，便于保管。

二、超级公播课现场制作所需特殊器材

1. 便携移动导播系统

根据教学现场情况和对跨校、跨地区的超级公播课程转播录制所要达到的质量标准和预算，选择适合的器材设备。适合跨校、跨地区的超级公播课现场直播的是体积小、轻便、功能强大、价格便宜的导播系统。这样一台多功能切换台，包括LCD显示器移动导播机、三台9英寸（1英寸=25.4毫米）的CRT监视器、一台14英寸的CRT监视器、通话系统等基本设备。DatavideoHS-2800（图12-6）就是专门为电子现场制作所设计的专业级移动导播系统，内部系统器材以SE-2800为主要核心，包含17.3英寸的液晶显示器与8组通话系统整合在一只手提箱内，重量不足9公斤，且大小也符合航

图12-6 DatavideoHS-2800

空自行携带行李的尺寸，真正能够以最便利的方式将导播系统移动到活动现场，确保完成高质量的超级公播课教学影片的制作任务。在使用的时候请注意，导播系统不宜放置在太嘈杂或有强光的地方。现场电源一般都会与灯光、音响还有现场大屏幕等共享一个电路，注意与单位之间的“电位差”。“电位差”会产生影音讯号的干扰，可能会造成现场大屏幕播放现场画面时的扭曲，或造成音响系统传送过来的声音有交流电的干扰声；一般准备一个影音隔离器可以有效地改善“电位差”的问题。

2. 摄像机摇臂

在准备多机位的拍摄任务时，还要考虑是否选用摄像机摇臂。是否选用，选用什么样的摄像机摇臂要根据现场情况确定（42英尺、35英尺、25英尺、18英尺，1英尺=30.48厘米）。户外环境及体育场馆会用到大型摇臂，户外作业要注意风速过大可能导致摇臂的晃动，不宜架设太长的摇臂，避免整组设备翻覆。由于层高所限，学校多功能厅及小型礼堂多用18英尺长的摄像机摇臂，它的优点是具有三度空间的视野、滑行流畅、采制高点俯瞰全场及讲台，使画面更立体、场面更壮观。18英尺长的摄像机摇臂与摄像机超广角配合使用，视野会更宽广，场面气势更宏大。

3. 其他特殊器材

在专业播出级大型演播室内进行跨校、跨地区的超级公播课转播工作，会有专门的导播间，其中设备一应俱全，包括导播使用的操作视频切换台、技术指导使用的摄像机控制器、调音使用的混音器、导播现场录像助手使用的录放影像设备、灯光师使用的灯光控制台，所有工作人员配备监视器、对讲系统、示波器等。

第五节　超级公播课教师教学工作方案

一场跨校、跨地区超级公播课的录制，对主讲教师能力的考验是巨大的。教师除了要细心完成好备课工作外，还要对课程的总时长和授课的每一个环节如讲述、互动演示操作等做好精心的安排。在此基础上教师和导播一同制定超级公播课直播教学录制通告单，最理想的情况是能够将课程教学进程精准地测算出来，与制作团队核心成员在开拍前召开工作筹备会，以便在实录阶段合理地进行场面调度。教学中所用的教学资料短片（VCR）、PPT等各类文件提前导入导播机，同时提供给导播一份各类电子文件时长测算数据清单，并对穿插的段落进行明确标注。

教师在课程前期准备阶段，就配合导播及电子现场制作团队核心技术人员完成教学现场勘察和走位预排工作。教师根据现场环境设计出师生教学互动环节大致的行动路线、活动范围、活动方式。导播在观看走位后检查是否有拍摄死角，根据拟定的拍摄脚本分配摄像师任务。

教师如需板书，要事先提请教辅人员准备黑板而不是白板，条件实在不允许时摄像师要注意曝光锁定。除了使课程的知识内容得到良好的呈现，教师的仪容仪表也要注意并加以修饰（本书第七章介绍了相关内容）。教师在配合完成服装、化妆准备后，因实际情况也可提醒负责近景和特写机位的摄像师为自己进行修饰。摄像机控制器（Camera Control Unit，CCU）设定有调整皮肤质感的细节调节功能，可以对皮肤上的瘢痕或化妆过浓进行调整，使得瑕疵不明显、肤质柔化。现场如果配备监视器，教师避免看其画面，因为下意识地偷瞄会让教师的视线显得飘忽不定。

此外，教师要善用学习者资源。在超级公播课教学影片制作现场配合录制工作的学习者有完整听课的权利，他们的现场反应和气氛会直接影响到在线学习者的学习效果。教师要积极调度现场，同时也要注意度的控制，毕竟这是课程的直播或录制而非文艺晚会。

第六节　超级公播课导播管理工作方案

导播要扎扎实实地做好准备工作，全面掌控录制流程与课程信息，这一点至关重要。一位成熟的导播要具备良好的沟通和临场应变能力，在录制准备阶段与制片人、师生、其他各工种协同直播录制工作；在录制前掌控影调、颜色校正、声音录制、现场沟通、机位架设、流程走位，检查交付播出使用的影片（包括片头与片尾、VCR的音视频指标正常），及时发现问题、处理问题；在录制过程中随时检查音视频是否正常；在录制结束后立即检验节目素材，再次确认影片质量后交付下一个工作流程。导播还需熟悉切换台的配线、摄像机的调整、电力的分配等工作细节。

一、录制前的准备

全面而具体的准备，可让参与超级公播课录制的师生和制作团队都对顺利完成任务充满自信。但是录制前导播还是要极为重视最后“黄金一小时”的准备工作。导播作业前注意事项如下：

1. 确认

导播和各机位操作人员确认通话系统是否畅通，演播系统提示灯是否显示正常，各机位摄像机状态及视频传输是否正常，切换台各项设备是否正常，录像设备试录回放是否正常，硬盘空间是否足够，声音输入信号是否正常确认，送出视频信号是否稳定、正常。

2. 审核

导播审查课程中需要播放的教学资料短片（VCR）、PPT文件，片头、片尾，检查时间码（Time Code）是否准确，审查所有字幕的文字是否有误，设计是否合理。

3. 检查

导播检查所有场景的灯光设计，检查摄像师的运镜移动位置与速度是否恰当，检查教师的服装、造型等细节。

二、转播、实录的操作

电子现场制作多机位导播就像是"现场剪辑师"，要立即筛选画面，因此他的临场反应、协调能力和观察力至关重要。完成转播及录制是所有团队成员共同努力的成果，导播首先要确保视频、音频等技术指标的准确无误。导播在录像前录下彩条（Color Bar）等影像讯号。在开始录像时，每录完一段，都要倒回去检查一遍音视频是否正常，实时监控。为使得操作更为规范，导播可参考以下文件资料规格（表12-1）：

表12-1 文件资料规格

操作步骤	时间出入点	操作任务	备注
第一步	00:00—40:00	彩条录制	时间码（the Society of Motion Picture and Television Engineers, SMPTE）75%
第二步	40:00—50:00	影片存档信息卡	注明课程名称、章节序号、时间长度
第三步	50:00—1:00:02	倒计时	倒数秒
第四步	1:00:02至课程开始	段落分隔	第一段结束隔十秒黑画面，第二段开始，以此类推

在按下录制键（Record, REC）键后，导播看到已经开始录制了，再开始倒数读秒，通常是从六或五开始喊到二，不要喊到一，以避免声音重叠到教师开讲的声音。读秒的作用是提供各工种作业的参考点、教师开讲的时间点，录制倒数内容也具有让影像稳定的作用，为后期制作阶段在进行转场时预制足够的影像素材来处理。

三、导播实战技巧

在导播的指挥和调度下多台摄像机按照预先规划好的工作任务不间断、多景别变化、高质量、流畅紧凑地抓取画面，提供给导播进行取舍。

1. 安全机的设定是成功的保障

转播现场一旦发生紧急情况，导播会第一时间将画面切换到2号摄像机的图像，因此2号摄像机被称作安全机。标准的安全画面是带入整体授课内容的全景或大全景。如果是三台以上摄像机同时作业，那么2号机尽量避免与1号、3号机画面重复，避免去抓近景或特写画面（请注意在超级公播课的制作过程中，本书给出的机位分配方案与第三章中给出的三镜头拍摄法中的机位分配方案不同，因此机位序号排列与之前没有关联性）。

2. 多景别的适度变化

大全景适合用在课程的开始和结束，是整个教学现场的大全景，画面构图拉到最松的状态。在教学活动中有些大场面的内容，视具体情况而定。全景是2号机最常用的画面，可根据教室中课程的主题带入并有一定的弹性，根据导播要求摄像师根据课程的进展去做调整；中景抓取课程内容的部分主题与全景交替运用，如果现场有2～3位主讲教师，中景抓取其中一名正在讲话的教师画面。

3. VCR、PPT等课件插播要领

课程进程中教学资料短片（VCR）和PPT文件的切入是需要特别注意的，可以有两种选择的方式：其一是，教师、学习者观看教学资料短片（VCR）、PPT后跳过不录，依靠后期制作来完成。其二是，按照授课的框架让现场学习者完整看一遍，此时导播要注意提醒教师用语言和动作带出

“请看下面一段视频教学素材，它是关于……”。此时，导播通过对讲设备提醒各工种工作人员及时切换。导播在课程开始之前就要了解有多少条插播的教学资料短片（VCR）、PPT和它们分别的时长，在每段教学资料短片（VCR）结束前的30秒通过对讲设备第一次提醒，前10秒再次提醒各个工种各就各位，将画面切换到教学现场。

第七节　超级公播课多机位拍摄工作方案

一场跨校、跨地区超级公播课直播教学影片的拍摄需要多机作业。多机作业是指以多台摄像机同时进行拍摄，在导播的协调与调度之下，选择最适当的一台机器的画面。多机作业的软、硬设备，会因课程需要而有很大差异。

电子现场制作作业最重要的就是团队成员的默契，所有摄像师运镜的节奏保持一致，使画面保持流畅。经验丰富的多机作业摄像师可以快速并有效率地运镜构图，录像前摄像师应该充分理解导播的拍摄要求、场景设计，对所担任位置的镜位、构图进行详细沟通，提前走位是最佳办法。

一、超级公播课常规摄像方案

以下是在常规教室内，进行跨校、跨地区超级公播课直播经常运用到的多机位拍摄方案。

如教师请分散在教室内各处的多名学习者到讲台前进行教学互动，摄像师可以把镜头摆在全景的状况微调搜寻，而在找到目标时快速拉近卡满上台的学习者，避免通过观景器去寻找目标，因为透过观景器的框会有死角，看不到全场。可以双眼搜寻整个教室。如果因条件限制只有三台摄像机可供调配，那么三台机器的任务分工如下（表12-2）：

表12-2 三机位的分工表

机位编号	拍摄要求	任务说明
1号机	负责拍摄教师特写及半身景	主要追踪拍摄教师讲解
2号机	负责拍摄讲台全景及黑板全景	拍摄教师移动及黑板
3号机	负责拍摄现场学习者坐席区域	拍摄学习者的互动反应

如果制作条件允许的情况下，现场有3～5台摄像机，多出的两台摄像机可以作为游机，充实2号机的力量，以便更完美地完成摄制任务。

二、超级公播课特殊摄像方案

高规格的跨校、跨地区超级公播课在摄像棚内进行拍摄制作，摄像机大都安装着移动摄像装置“Dolly”，以方便运动镜头和移动机位，在录制前的准备阶段调整Dolly至适当位置，将油压力度放在最自如的操控状态，完成白平衡校正（多机作业的白平衡是由操控台统一校正的）。以下是在大型报告厅或演播室环境内进行的超级公播课直播所运用的相对特殊的多机位拍摄方案。

1. 以拍摄课程内容为主的多机位设置

机位的安排必须依据拍摄课程的内容来考虑，重点是教师在讲台上的授课。1号机与3号机的高度以与讲台等高为宜，2号机略高于讲台为最佳。如果场地是一个平面，非阶梯式，无法让机位与舞台等高，在勘查场地时就得要求主办单位架设稳定的高台，原则是三个机位的设置能便于掌控整个讲台的每一个角落，不留死角。

2. 以拍摄现场活动为主的多机位设置

如果以拍摄教学现场活动为主，除了讲台上的教师，现场嘉宾及学习者都是拍摄重点，如果三台机位作业，就必须将1号机或3号机的其中一个机位移动到讲台前，2号机就必须肩负另一个机位的责任区。如果配备四个机位，可安排4号机在讲台前并依照导播的调度安排进行拍摄（图12-7）。

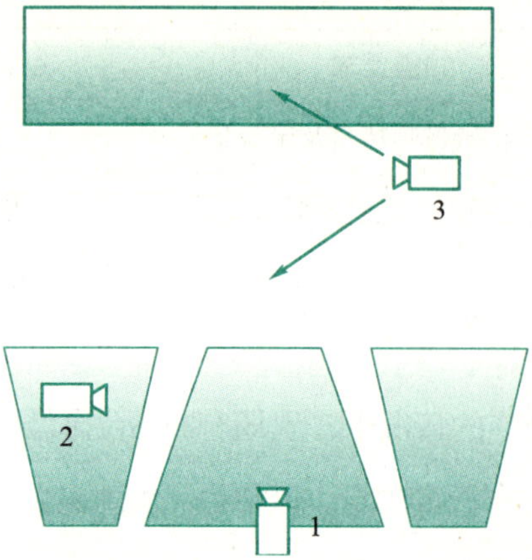

图12-7　超级公播课多机位设置图

3. 对角交叉摄像方案

1号机与3号机大多数情况下会设置在教师讲台的左右两侧，两机位采取交叉拍摄的方向，以讲台中心为界，1号机的主要拍摄责任区为讲台右侧，反之3号机的拍摄责任区为讲台左侧。这两个机通常会被安排以拍摄特写及半身景为主，有时候会拍一些讲台中景的画面，当然最终还是依导播的指令及安排来取景（图12-8）。在现场实况转播拍摄过程中，有些情况十分紧迫，导播的指令无法十分详细。这就考验摄像师的反应能力和敏锐度。摄像师依照导播的指令负责自己所辖的责任区，尽可能地拍摄优质画面供导播进行选择。作业中摄像机并非越多越好，要看现场活动的范围、路线及内容来决定摄像机的数量。摄像师要注意细节，如跟焦、构图、光圈、运境的节奏与抓画面的速度，这些都是评判一个摄像师技术水平的着眼点。此外，现场直播的摄像师运镜的节奏与抓画面的速度也可以体现出其功底是否扎实。这种团队作业使每个摄像师都不可能连拍两个镜头，所以最好知道其他摄像师拍的画面情况，当导播从1号机跳开，1号机摄像师可以按回顾（Return）键监看导播视频切换台的当前画面；避免自己与前一画面冲突，然后建议导播选择可接的画面；但最重要的是通过对讲设备执行导播的指令。同时由摄像师肩扛摄像机游走拍摄，灵活性强，可以随时根据导播的要求移动并调整位

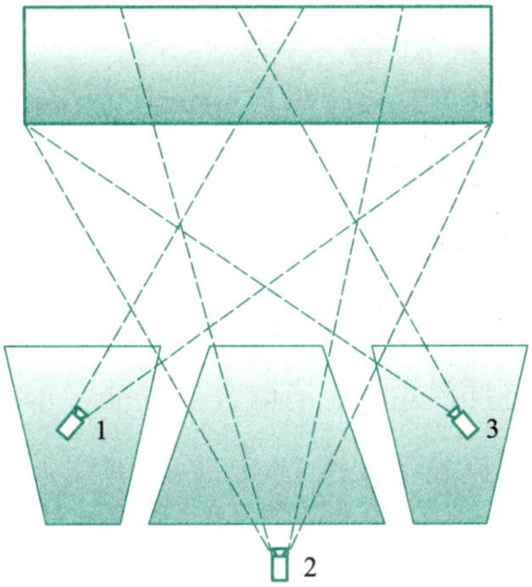

图12-8　超级公播课对角交叉摄像多机位设置图

置，或减少拍摄，让画面更活泼。

三、布线的工作规范

各机位的位置确定后，接下来的工作就是“布线”，也就是将视频及通话的电缆线，从切换台的位置拉到各机位上。布线的原则就是尽量不妨碍现场学习者及不设置在走道上，沿着墙边及座椅下方布线，并用地毯胶带固定，这样可以避免现场学习者出现踩踏的危险。如果电缆线必须横跨走道，可用地毯覆盖电缆线或采用“线槽”，避免现场学习者行走时被绊倒而发生意外。操作人员不可贪图布线的方便或为了缩短布线距离而疏忽，在户外布线时要格外注意这一点。

第八节　超级公播课照明与录音工作方案

在超级公播课教学影片电子现场制作多机作业中，灯光师要会操控调光器（Dimmer）灯光控制盘（Light Console），根据场景架设灯具，校正光影投射，营造适合课程的气氛。灯光设备使用220伏特的电，操控者要注意用电负荷和安全，严禁赤脚架灯，最好戴手套，在高空作业中注意安全，预留猫道。采光以教室现场光为主，尽量避免逆光；如光线不佳时，以冷光灯辅助。进行现场布线及拍摄时，尽量以不影响上课为优先。

现场处理录音工作时要注意确保音量一致，关于现场录音内容在本书关于录音的章节中已经对大型演播厅的现场声音录制提出过方案。根据不同课程的需要，有时需要插播短片，有时需要插播音乐，此时录音师要提前确认音量，并一边熟练操控混音设备（Mixer）监听，一边操作推杆（Fader），确保音源进出平顺。

郑重声明